Mamá Feliz en Casa

Cómo verte y sentirte increíble durante tu primer año de mamá

SARA GAVIRIA

Ilustraciones por Jamie Lee Reardin

Mamá Feliz en Casa
Copyright © 2019 por Sara Gaviria
Todos los derechos reservados.

El contenido de este libro tiene la intención de servir como información y no es un substituto para el consejo médico. Por favor, consulte a un médico apropiado para que le asesore antes de implementar cualquiera de las sugerencias de este libro. Si bien la autora ha hecho todo lo posible para proporcionar direcciones de Internet e información de productos exacta en el momento de la publicación, la autora no asume ninguna responsabilidad por errores o cambios después de la publicación.

Ilustraciones por Jamie Lee Reardin

Fotografía de contraportada por Manny Pérez

Diseño de portada por Sheenah Freitas

ISBN: 978-0-578-58761-5

Para mi esposo y mi hijo

Índice

Advertencia vii
Introducción xi

Parte Uno: Primer Mes
¡Bienvenido a Casa! 3
Condiciones comunes después de un parto 9
Lactancia 12
Yo, mi bebé y mi faja 20
Primero viene el amor, luego la cesárea. 23
Depresión postparto 29

Parte Dos: Ejercicio y Alimentación Saludable
Mes 1-2 39
Mes 3. 60
Mes 6. 69
Mes 7-10 75
Mes 11-12 80

Parte Tres: Belleza y Estilo
Cuidados de la piel en 1, 2, 3… 6 89
Cuidado del cuerpo 107
Pierde el estrés, no el pelo 113
Tratamientos caseros 118
Maquillaje vs. ir al natural y todo lo demás 126
En caso de duda, ponte las gafas de sol. 133
El sueño reparador no es un mito. 143

Parte Cuatro: ¡Hola, Mundo! ¿Qué Me Perdí?

Encuentra tu tribu.................................. 155
Tu tiempo es sagrado, organízalo 162
Pule a tu esposo como un diamante en bruto......... 169
Mantente al día con el mundo..................... 173
Si no te gusta, ¡déjalo! 178
Meditación y atención plena 182
El camino del yoga................................ 188
Únete a un grupo................................. 194
Reconéctate con la naturaleza y descubre tu ciudad 195
Crea y guarda preciosos recuerdos 198
Saca a jugar a tu niña interior.................... 201
Encuentra tu pasión............................. 205

Palabras finales................................. 211
Lista a revisar de los 12 meses 215
Reto de la felicidad 219
Agradecimientos 221
Bibliografía 225
Sobre la autora................................. 233

Advertencia

Me fui a vivir a Londres cuando tenía 22 años. En una conversación por correo electrónico con mi mamá, le conté que estaba leyendo un libro sobre budismo, a los cinco minutos, mi papá me llamó para recordarme que yo era católica, apostólica y romana. Le dije: "¡Papi, cálmate! Yo solo voy a tomar algunas de las cosas como compasión y meditación: ¡No voy a seguir todo el libro!"

Esta es una guía para la mamá que se queda en casa el primer año de vida de su bebé, y mientras que no estoy comparando este libro con todo un trabajo de religión, te pido que no lo tomes muy en serio, igual que no hay que tomarse muy en serio la maternidad. No esperes que todo sea perfecto y que tú seas la mamá perfecta que siempre pensaste ibas a ser. No te presiones a ti misma. En esta guía puede haber capítulos o secciones que no necesitas o con las que no estás de acuerdo, y eso está bien. Puedes dejarlas de lado.

No soy famosa, no soy una súper chef (aprendí a cocinar cuando mi bebé empezó con la comida sólida). No tengo un millón de seguidores en Instagram, no soy la anterior directora general de una compañía exitosa, no tengo una niñera y mis papás no viven cerca. Y lo más importante, sé que tener un hijo no me hace una experta en el tema. Como no tenía ni idea de bebés antes de tener uno, cuando estaba embarazada leí todos los libros que

Advertencia

puedas imaginarte. Los consideré todos muy útiles y me sentí preparada para cuidar a mi bebé, pero después de tenerlo, no pude encontrar ningún libro que me ayudara a cuidarme a mí misma, así que empecé a leer y a oír libros acerca de una variedad de temas en los que estaba interesada.

Empecé a fascinarme con asuntos como productividad y buenos hábitos, leí libros al respecto de Charles Duhigg, Brian Tracy, Laura Vanderkam y Arianna Huffington. Leí obras sobre el enfoque francés de ser padres de Pamela Druckerman; de la visión sobre belleza, cuidados de la piel y estilo de Mathilde Thomas y Jennifer L. Scott. Después, en mi lectura me *fui* a Corea del Sur para conocer más tips de cómo tener la piel radiante, y aprendí el poder de la comida, hierbas y aceites contra el envejecimiento en el libro *Bio-Young* de Roxi Dillon. Tomé consejos sobre estilo de los libros de Rachel Zoe y su sitio de Internet. Me inspiré con *Big Magic* de Elizabeth Gilbert y en autores de libros de autoayuda como Jen Sincero, James Altucher y Shauna Niequist. Aprendí sobre audacias con Angela Duckworth y cómo activar mi cerebro con la Dra. Wendy Suzuki. Me reí y me consolé a mí misma con las graciosas mamás británicas Katie Kirby y Sarah Turner. Leí el famoso *The Happiness Project* de Gretchen Rubin y sin darme cuenta, empecé a crear el mío. Finalmente, busqué más guía espiritual y empecé a seguir los caminos de Wayne Dyer, Mastin Kipp y la maravillosa Gabby Bernstein. Yo era una esponja y leí muchos más libros que menciono al final del libro. De igual modo, durante mi primer año como mamá, tuve la oportunidad de hablar con destacados dermatólogos, nutricionistas, instructores físicos, maquilladores y más importante, con muchas nuevas mamás que estaban pasando por la misma experiencia que yo.

Así, que, aquí tienes: soy una mamá que disfruta mucho de leer, hacer muchas preguntas, encontrar buenos hábitos saludables de estilo de vida y belleza y quiero compartir mi experiencia y mi conocimiento con otras mamás que han sentido la falta de recursos para cuidarse a sí mismas. Yo he trabajado desde que tenía 20 años y ahora a la mitad de mis años treinta, quería realmente disfrutar este cuento de ser ama de casa que todo el mundo (¡incluida mi mamá!, quien siempre trabajó) me dijo que sería terrible. Mi deseo es que en este libro tú aprendas, te inspires, encuentres confort, estés en desacuerdo o al menos te rías de mis experiencias de ser mamá.

Culturalmente, hemos aceptado que una vez que el bebé nace, el foco de atención debe ser en el pequeño. Sin embargo, no encontrarás ningún consejo sobre tu bebé en este libro (Bueno, de pronto un poquito, ¡no me aguanté!) No obstante, este libro es para ti. Al final del día: si la mamá es feliz, el bebé es feliz. Espero que disfrutes este libro y la maravillosa, dulce, cansadora, retadora, noble, desordenada (literalmente) y gratificante experiencia que es ¡ser mamá!

Que lo disfrutes,
Sara Gaviria

Introducción

Hay tantos libros sobre cómo cuidar a tu bebé pero no pude encontrar uno sobre cómo cuidarme a mí misma como mamá. El único consejo era, 'duerme cuando tú bebé duerme', ¿es eso realista?

Leí muchos libros sobre cómo prepararse para recibir al bebé, tenía el plan de parto natural perfecto, un empoderante, rápido, tranquilo, parto natural como el que tuvo mi amiga cercana. Ella me recomendó el hipnoparto, un tipo de alumbramiento que usa técnicas de autohipnosis para combatir el miedo y el dolor. Yo contraté a una doula e inclusive escogí la canción para el momento del nacimiento, *Canon en D* de Pachelbel, que también fue la canción de mi boda.

Cuando tenía doce días pasados de la fecha calculada para el parto, mi doctor quería inducir. Yo no quería hacerlo y me sentí aliviada cuando mi fuente se rompió el día antes en que iba a ser inducida. Estaba feliz que todo iba, una vez más, de acuerdo con mi plan. Estuve en trabajo de parto por 12 horas. Fue doloroso, pensé que nunca terminaría pero lo superé, gracias a mi doula y a mi esposo. Mi mamá batalló al verme en tanto dolor e insistía en que necesitaba una epidural. Le pedí a mi esposo (no de una manera muy cordial) que se la llevara de la pieza. Sí, es verdad, ¡saqué a mi propia madre del cuarto de parto!

Después de pujar por tres horas sin progreso, el doctor dijo que el bebé

Introducción

necesitaba aspiradora o cesárea. No había ni la más remota posibilidad de que fuera yo a permitir la aspiradora; en cambio, la idea de una cesárea sonaba como recibir un masaje de piedra caliente en la playa en el Four Seasons de Maui. Estoy siendo tan específica porque ahí pasé mi luna de miel y esa ha sido una de las mayores indulgencias de mi vida, así sonaba de bien una cesárea después de doce horas de parto. Mi doula sugirió que lo intentara una vez más, pero yo ya no podía. Ya lo había dado todo.

Cuando oigo historias de parto sin ninguna complicación siempre son algo así: "Estaba en el trabajo y dos horas más tarde tenía al bebé en mis brazos" o "tuve un parto natural y estaba tan conectada con el bebé que ni siquiera me dolió", o "no sentí nada con la epidural y de un momento a otro ahí estaba mi bebé". De verdad que yo deseaba tener una historia así. Me lavé el cerebro con el hipnoparto, y leí tantos libros con historias exitosas que pensé que iba a ser una más. Cuando corrí mi primera carrera de medio maratón a los 30 años, me puse la meta de correrla en menos de dos horas. Yo nunca había corrido una milla en mi vida. Entrené arduamente por cuatro meses y lo corrí en 1:59:11. Si pude correr un medio maratón, por supuesto que iba yo a poder con el trabajo de parto. Solo necesitaba prepararme como lo hice para el medio maratón. Antes del nacimiento de mi hijo, tomé un curso, leí tres libros, escuché mi audio cada noche. Hasta tomé lecciones de danza del vientre para aplicarlo cuando estuviera en trabajo de parto, que por supuesto es la última cosa que tratas de hacer cuando estás teniendo de verdad las condenadas contracciones.

Las cosas no salieron como las tenía planeadas, y esa es la lección número uno en la maternidad, ¡nada sale como estaba planeado! Mis metas principales después de haber dado a luz fueron tener un bebé sano y feliz y recuperar mi cuerpo. Estaba muy enfocada en mi apariencia. Yo quería tener un abdomen plano y mantener mi pelo (por favor pelito, por favor, no te caigas). Lo que no sabía, es que además de descubrir el amor más incondicional y fuera de este mundo por mi bebé, que todo el mundo me dijo que iba pasar, estaba a punto de descubrirme a mí misma. No sabía entonces que yo empezaría a pensar en lo que realmente me hace feliz, y a ser muy cuidadosa con mi tiempo libre. (Lo creas o no, vas a tener tiempo libre). Yo leería sin parar, me cuidaría y trataría de entender las nuevas dinámicas de mi relación con mi esposo. Me volvería más saludable y trataría de ser una cocinera decente para mi bebé, simplificaría mi casa y reinventaría mi *look*. Y estaría inspirada a tener autodisciplina, disfrutar la naturaleza, ser vulnerable, valorar cada día y hacer nuevas amigas a los 36 años.

Acompáñame en la jornada.

Parte Uno
Primer Mes

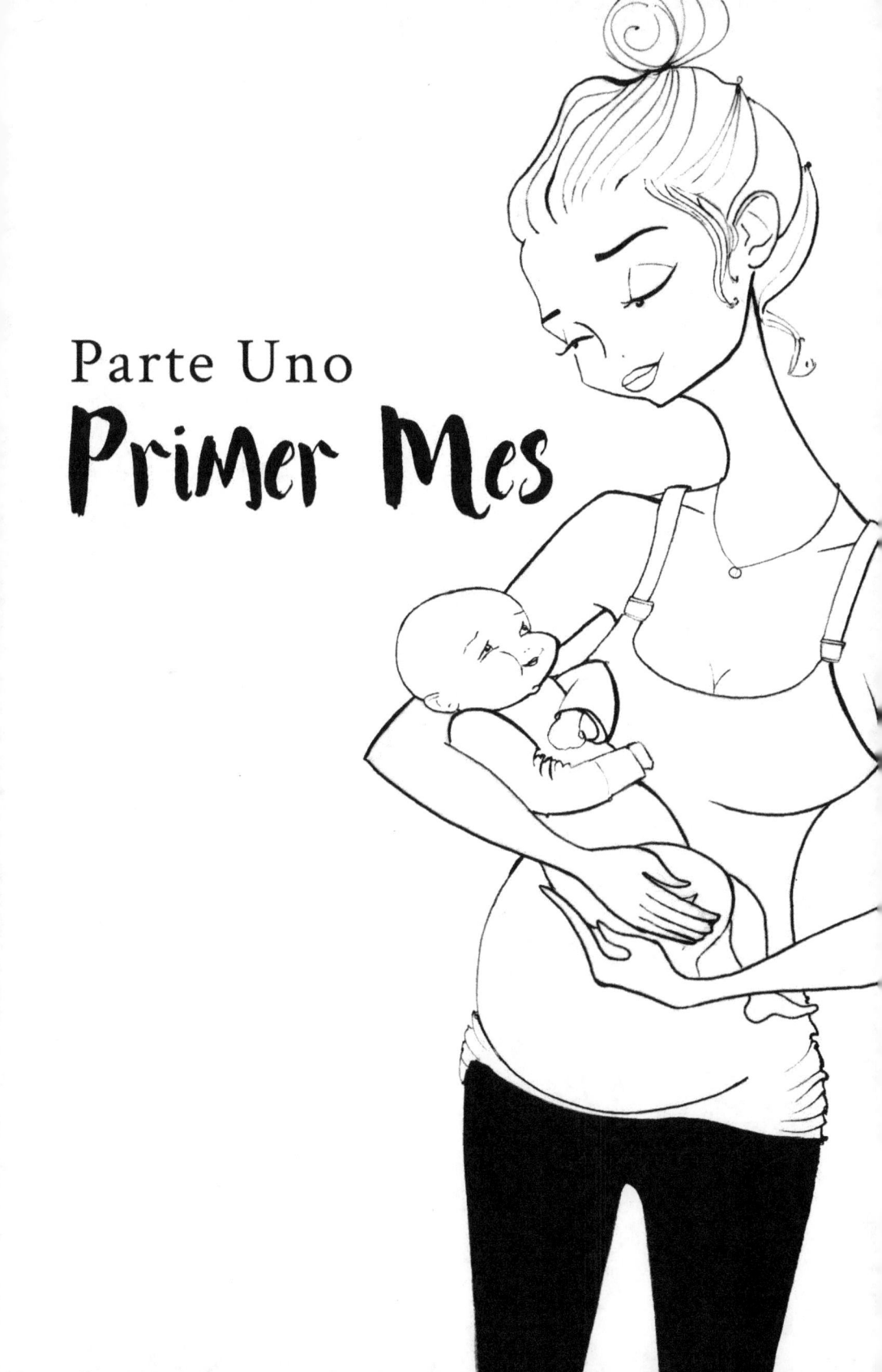

¡Bienvenido a Casa!

El hospital me permitió quedarme cuatro días. El último día hasta las 4 de la tarde, me fui a las 3:55. Estaba feliz de estar tan cuidada pero también muy feliz de volver a casa con mi bebé. Hice un video de nuestra llegada (recomiendo hacer eso, es una memoria linda) El bebé durmió casi toda la tarde, despertaba solo para ser alimentado, pero a las 8 de la noche, vio nuestra casa, que no le era familiar (yo pienso) y reaccionó completamente asustado. Empezó a llorar histéricamente y no teníamos idea de qué hacer. Yo fui a la lavadora para tomar una cobija limpia y volví a mi habitación y mi esposo ya estaba sin camisa sosteniendo piel a piel a nuestro hijo. ¡Yo soy la mama! ¡Yo soy la que debe hacer eso! Luego me fui a su habitación y mi mamá estaba organizando su ropita. Exclamé, "yo soy la mama y ustedes dos me están tratando como una máquina de leche". Y ahí está, mi primera crisis nerviosa de mamá. Muchas otras cosas pasaron con mi bebé en casa. Las espectaculares salpicaduras de popó de mi bebé sobre la pared del cunero el día de las madres, a las dos semanas de nacido, fue otra de mis primeras experiencias memorables.

Probablemente has oído lo importante que es aprovechar a la familia y amigos que viven cerca. Es un gran consejo y ayuda con los niveles de estrés, así sea que te ayuden por un par de horas, eso es invaluable para mantener tu cordura.

¡Bienvenido a Casa!

Fue grandioso tener a mi mamá por dos semanas. Me cuidó muy bien. Ella es la segunda de diez hijos de mi abuela colombiana, así que sabe una cosa o dos acerca de bebés. Más adelante encontrarás algunas de las cosas que hizo por mí que fueron de mucha ayuda. ¿Estás lista para conocer tradiciones colombianas?

Chocolate Caliente. De acuerdo con nuestras abuelas colombianas, el útero tiene *fríos* después del parto y su misión es entibiarlo de nuevo, una manera de lograrlo es tomando chocolate caliente. Ellas también creen que esto las ayuda con la producción de leche y con la pérdida de peso y que encoge el útero más rápido. Yo lo tomé cada mañana por los primeros 40 días después de haber dado a luz. Mi mamá tenía una manera peculiar de prepararlo y sabía mucho más rico. Usa cacao en polvo crudo, el cual recomiendo altamente, evita productos lácteos ya que esto previene la absorción de los antioxidantes. Mezcla dos cucharadas de cacao en polvo crudo con una taza de leche de plantas fría en una licuadora. Pon la mezcla en una taza y agrega una astilla de canela y ponlo en el microondas por un minuto. ¡Saca la canela y listo! Si no quieres usar una licuadora, mezcla todos los ingredientes en una olla y ponlo a hervir. Saca la astilla de canela y bate todos los ingredientes hasta que se haga espumoso. Sírvelo caliente y tómatelo en la mañana. Otro beneficio del cacao es que incrementa los niveles de serotonina en el cerebro, la sustancia química cerebral para sentirse bien que provee un sentimiento de bienestar y da energía, ¡que es exactamente lo que necesitas! (Más sobre cacao en la sección de bebidas naturales).

Canela. Mantiene estables los niveles de glucosa, ayuda a la digestión, tiene poderes antioxidantes y ayuda a estimular el sistema inmunológico. Es también un perfecto reemplazo del azúcar. Mi mamá me dio agua de canela. Según mi abuela, si estás dando pecho, la canela ayuda a prevenir el cólico del bebé. Es solo agua caliente con una raja de canela. Yo prefería canela orgánica y tomarlo en la mañana. Puedo decirte que mi bebé era el más fácil de llevar y calmado y nunca sufrió de cólicos. De pronto tuve suerte, pero todas mis tías lo atribuyeron a mi agua de canela.

Recuerda, estas son tradiciones colombianas, o *Colombian grandma's tales*, como mi esposo las llama, pero en realidad funcionaron muy bien para mí. Además, ¡el chocolate y el agua de canela son deliciosos!

Cómo las abuelas colombianas vivieron la cuarentena

Después de que mi abuela diera a luz a cada uno de sus hijos, ella entraba en un periodo que se llamaba cuarentena, como otras nuevas mamás de su época en Colombia lo hicieron. Era un proceso de 40 días que las madres usaban para ayudar con el proceso de recuperación y para lentamente incorporarse a su vida. Después que regresaban del hospital o desde que daban a luz a sus bebés en casa, ellas tenían que permanecer acostadas los más posible por 40 días para dejar que su útero se recuperara.

Creían que este ritual indígena les ayudaría a recuperar su figura y a prevenir enfermedades que les pudiera afectar a ellas o a los recién nacidos. En la cuarentena, las nuevas mamás no podían hacer ningún trabajo pesado, incluyendo barrer, trapear, sacudir, planchar, levantar cosas pesadas, lavar ropa, cocinar y hasta usar cuchillos. Ellas creían que sus cuerpos necesitaban descanso de esas actividades y también evitaban exponerse a temperaturas extremas de calor o frío. De no seguir tales recomendaciones había consecuencias como dolor de espalda, sangrado, dolor de cadera y cintura, y hasta falla renal. Durante estos 40 días, amigos y familiares ayudarían a las labores de la casa y el padre era el que llevaba al hijo a las citas médicas.

Actualmente, la mayoría de nosotras trata de regresar a la vida normal en cuestión de días tras el parto, pero a mi abuela y a otras mujeres de su época en Colombia no se les permitía pararse de la cama o inclusive bañarse bajo la ducha.

Doctores indígenas en Latinoamérica creían que durante el embarazo una mujer entra en un proceso de *calentamiento* para crear el milagro de la vida. Como un pan en el horno, ¡literalmente! Un horno que está prendido por 9 meses. Cuando das a luz, el útero de una mamá se expande hasta que sale el bebé, la placenta, la sangre y otros tejidos. Se cree que cuando una mujer da a luz pierde una cantidad importante de energía y eso nos expone a recibir frío en nuestros cuerpos hirvientes, alterando el equilibrio de la temperatura.

En ese tiempo, una nueva mamá se cubría la cabeza para evitar un resfriado y prevenir dolores de cabeza, espasmos, fiebre, dolor en los huesos, calambres y hasta psicosis. Por estas razones es que la cuarentena era tan importante en ese tiempo.

Como he mencionado antes, el chocolate ha sido altamente recomendado para las nuevas mamás. Esta bebida caliente debe ser consumida por los primeros 40 días después del parto. Las abuelas creían que cuando lo tomaban, sus cuerpos sudaban y sacaban todo el frío que su cuerpo cogió durante el alumbramiento. También creían que consumir sopa de gallina les ayudaba a recuperar la fuerza y a incrementar la producción de leche. En el día 40, la mamá se tomaría una sopa hecha de un pollo completo y tomaría un baño vaginal para eliminar los fríos del útero.

Abajo encontrarás una lista de lo que se usaba recomendar para la cuarentena después de dar a luz:

* **Días 1-7:** Una nueva mamá debe estar en casa y no salir para nada. Solo se puede limpiar con una toalla caliente, previamente remojada en una infusión de hierbas. El agua por naturaleza es fría, y esta es la razón por la que a una nueva mamá no se le permite darse una ducha. No debe comer verduras, frutas ni bebidas frías.

* **Días 8-21:** Ella puede empezar a bañarse con agua caliente cada dos días. No ingerir comida fría, incluidas frutas y verduras.
* **Días 22-39:** Ella puede empezar a salir, pero solo entre las 9:00 a.m. y las 4:00 p.m., y debe estar cubierta a toda hora para evitar temperaturas frías. Puede empezar a comer normalmente, con la excepción de comidas frías. Puede bañarse regularmente.
* **Día 40:** Consume una sopa de gallina y se da un baño de vapor vaginal (explicación abajo).

Después de que di a luz, mi mamá me envió un recordatorio en el día 40. (Ni siquiera sabía yo qué día de la semana era). Ella me envió un mensaje muy detallado de cómo darme un baño de vapor vaginal. Tenía que hervir agua por 15 minutos con manzanilla, limón, eucalipto, menta, hierbabuena, albahaca y pétalos de gardenia. Tenía que poner todo en un tazón y cuidadosamente ponerme en cuclillas sobre el vapor y dejar que el vapor ascendiera por la vagina. Tradicionalmente, el baño de vapor vaginal era usado para nuevas mamás en Colombia para remover los coágulos que estaban todavía ahí después de dar a luz, y durante la cuarentena para ayudar a sanar el útero, sacar el frío que estaba aún ahí después de haber dado a luz, reducir el dolor y limpiar las impurezas del cuerpo.

Después de leer su texto, y mientras cargaba a mi bebé que estaba llorando, respondí con un simple: "¿Esto es en serio?" En ese tiempo, lo único que me importaba era encontrar una crema que realmente funcionara contra la dermatitis causada por el pañal. No tenía tiempo de comprar todas estas hierbas, hervirlas y luego ¡sentarme sobre un tazón! Y no, no lo hice.

> También debo decir que ni mi mamá ni sus cuatro hermanas siguieron las recomendaciones de la cuarentena, y todas tuvieron su útero removido por alguna razón en algún punto de su vida y por diferentes razones médicas. Mientras tanto, mi abuela de 82 años y después de dar a luz 10 hijos, todavía tiene su útero intacto. ¿Crees que es una coincidencia?

Condiciones comunes después de un parto

Estreñimiento

Normalmente, las deposiciones se reanudarán en los primeros días tras el nacimiento de tu bebé. Si estás experimentando constipación en el postparto, estas son algunas sugerencias.

* Empieza tu día con agua con limón y toma al menos ocho vasos de agua a temperatura ambiente al día.
* Come ciruelas (el jugo también sirve). Estas son un laxante ligero. Es una buena idea mezclar pasas, higos o melocotones con algunas nueces.
* Come verduras y frutas sin comerte la cáscara.
* Ingiere cereales integrales, pan, arroz integral, lentejas y frijoles.
* Pon un poco de aceite de oliva a tu pollo o pasta.
* Muévete varias veces al día (así sea por corto tiempo)
* Evita el arroz blanco y el pan blanco, chocolate y banano.
* Consulta con tu doctor si no tienes una deposición para el tercer o cuarto día después de dar a luz.

Hemorroides

Las hemorroides son venas inflamadas en el área rectal, pueden ir de simplemente dar comezón a ser absolutamente dolorosas y pueden causar sangrado.

Para un alivio a corto plazo puedes escoger entre muchas opciones de cremas que se venden sin receta para las hemorroides, así como ungüentos, supositorios o aerosol. También puedes sumergirte en un baño de asiento. Solo siéntate en un recipiente de tamaño adecuado con agua tibia y hazlo de a dos a cuatro veces al día. Otra opción es usar compresas frías en el área. Si no tienes una compresa fría, pon un poco de hielo en una bolsa de plástico cúbrela con un lienzo delgado, y ponla en el área afectada por 10 a 20 minutos. Hay un tratamiento natural en Colombia que puede ser muy efectivo para ayudar a aliviar las hemorroides: semillas de aguacate. Lo leíste correctamente. Agregarlas a un baño de asiento puede ayudar a eliminar los molestos síntomas de las hemorroides en poco tiempo. También puede ayudar con la hinchazón. Esto es lo que vas a necesitar.

Baño de asiento con semillas de aguacate

3 semillas de aguacate
4 litros de agua
2 cucharadas de bicarbonato de sodio

Pela las semillas del aguacate hasta que queden blancas y córtalas en cuatro pedazos y hiérvelas por 25 minutos. Agrega el bicarbonato de sodio y hierve por 5 minutos más, luego remuévelo del fuego y déjalo enfriar 5 minutos. Usa la mitad del litro para el baño de asiento. Quédate sentada por 15 minutos o hasta que el agua se enfríe por completo. Cuando lo que sobró limpio esté a temperatura ambiente, guárdalo en un contenedor con tapa y guárdalo en el refrigerador. Puedes tomar el baño de 2 a 4 veces por día. Deberás sentir un gran alivio desde el primer día y los siguientes días, la hemorroide debe estar mucho menos hinchada.

Nadie me dijo de...

Tú ya sabes todas las cosas que le pueden pasar a tu cuerpo después de dar a luz –constipación, mastitis, hemorroides, pero ¿qué tal los sudores nocturnos? Debes mantener suficientes pijamas limpias y cobijas para cuando estés con frío y tratar de cambiar tus sábanas todos los días. ¡Súper! ¡Como si no tuvieras suficiente ropa que lavar! El sudor después del postparto se debe a que tus hormonas se están reajustando a no estar más en embarazo. Llama a tu doctor si tienes temperatura de 100.4 o mayor, esto indica que tienes una infección.

Lactancia

Dar o no pecho es una decisión muy personal. La Asociación Americana de Pediatría recomienda lactar hasta un año. Yo lo hice por 13 meses y tuve suficiente leche para alimentar a un país pequeño (¡debió haber sido el chocolate!)

Afortunadamente, la lactancia fue muy natural para mí el primer día tras el nacimiento. A pesar de que tuve una cesárea y mi esposo fue el primero que tuvo contacto con el bebé, mi hijo se prendió inmediatamente cuando fue puesto en mi pecho. ¡Se sintió grandioso! No tuve ningún problema o dolor. Estaba todavía elevada en felicidad, cansancio... y anestesia.

El tercer día, sin embargo fue una experiencia muy diferente. Cuando la enfermera me despertó para decirme que era hora de amamantar, yo estaba con mucho dolor. Casi en lágrimas, le rogué que le diera un biberón. Afortunadamente, la enfermera se rehusó a hacerlo. Nuestra conversación fue algo así:

Yo: Estoy sintiendo mucho dolor.
Enfermera: (Revisando mi historia clínica) Oh, veo que no te has tomado tus medicinas para el dolor en las últimas 12 horas.
Yo: (Viéndome muy molesta y en shock) ¿Por qué?

Enfermera: (Viéndose muy confundida) Dice que… no las ha pedido.

Yo: (Tono alto de voz.) Um, estuve en labor de parto sin epidural por 12 horas (tono elevado acá) seguido de una cesárea. ¿Cómo es que voy a recordar tomar mis pastillas?

Enfermera: (Luciendo apenada) OK, Mrs. Gaviria, ¿quiere su medicina cada seis o cada cuatro horas?

Yo: Cuatro

Enfermera: ¿Una dosis o dos?

Yo: Dos.

Enfermera: ¿Nivel de dolor de 1 a 10?

Yo: 21.

Luego tuve la visita de la consultora en lactancia. Cuando me vio, hizo tal cara de horror que empecé a llorar. Si la consultora de lactancia que ve muchos senos adoloridos y hinchados se sorprendió, esto significaba que yo estaba en problemas.

Me preguntó si alguna vez había oído del protector de pezón. Por supuesto que no, pero se volvió lo mejor que me pudo pasar. Un protector de pezón es una cubierta en forma de pezón que se usa sobre la areola y el pezón durante la lactancia. Están hechos de silicona suave, delgada y flexible y tienen orificios en el extremo de la sección del pezón para permitir el paso de la leche materna.

Cuando tengo una amiga emocionada, que me cuenta que está en embarazo, lo primero que le digo es "¡te tienes que comprar el protector de pezón!" Si no fuera por este dispositivo enviado por el cielo, no creo que hubiera podido amamantar.

Con el protector de pezón los dos ganamos, el bebé se alimenta mejor y tú no tienes los pezones irritados. Muchos libros y consultoras de lactancia están en contra de usarlo en los primeros días o semanas, porque les preocupa que interfiera con el prendimiento del bebé, pero yo estaba sensible y lastimada y tenía una piraña mordiéndome cada dos horas. En mi caso, tenía que comprar los protectores.

Si estás pensando en usarlos, asegúrate de comprar varios, son tan pequeños y transparentes que pueden perderse fácilmente entre tu almohada de lactancia, las cobijitas, la cama y la mecedora. Yo perdí uno en el hospital y le pedí a mi esposo que me comprara uno de la tienda del hospital. Me comentó que acababa de comprarme uno. Le dirigí una mirada severa y le dije que me comprara otro. Me negué a dar el pecho sin uno. Además, asegúrate de que estén limpios. Los usé a partir del tercer día y los dejé después de un mes o dos. Por supuesto, hay mamás que no los necesitan o que solamente los requieren por un par de días o semanas, pero si tú tienes los pezones muy doloridos, esta puede ser una gran solución.

Cuando estás amamantando, recuerda comer frecuentemente bocadillos y comidas principales. Como Luiza DeSouza menciona en su libro *Eat Play Sleep* (Come, juega, duerme): "Cuando estás embarazada, tu cuerpo almacena calorías extra que son usadas después para producir leche materna. Por lo tanto, los meses iniciales de lactancia, tu rendimiento – cuánta leche vas a producir – no depende de lo que comes. Sin embargo, si tu dieta es inadecuada y no consumes las suficiente proteínas, grasas, carbohidratos o si no tomas suficiente agua, tu cuerpo usará estas calorías almacenadas rápidamente. Te sentirás irritada. No solo afectará tu producción de leche, sino que también podrías deprimirte.

Lactancia 911

Si tu producción de leche es baja, esto puede ayudarte. (Estas recomendaciones son de productos que pueden encontrarse en los Estados Unidos, puede haber equivalentes en otros países).

* Tomar suficiente agua
* Dormir (cuando puedas)
* Organic Mother's Milk Tea de Traditional Medicinals
* Organic Milkmaid Tea de Earth Mama Angel Baby Organic
* Fenugreek Pills Organically Grown de Solaray

* Brewer's Yeast Powder de Innovative Kal Quality. (Mezclar con agua, té, licuado o en un jugo)
* Lactation Cookies de Milkmakers

Receta de galletas de lactancia

Esta receta sin productos lácteos no tiene azúcar refinada y te ayudará a estimular y mantener tu producción de leche. La levadura de cerveza es el ingrediente activo clave de estas galletas de lactancia. La avena y la linaza también son geniales para la producción de leche, y el chocolate oscuro, banano y mantequilla de maní, ayudan a quitarle el amargo sabor de la levadura. Tú puedes hacerlas o pedirle a alguien de tu familia o grupo de amigas que las haga por ti. Como la autora de esta receta lo sugiere, se puede mantener una parte de lo horneado en el congelador y solo saca algunas y ponlas en el tostador cuando quieras un bocadillo en la tarde o un desayuno rápido. Las galletas quedan de verdad deliciosas, pero por favor ¡no te las comas todas de una sola vez! Dos por día son suficientes para tu producción de leche. Si esto es demasiado para ti, simplemente compra la mezcla para galletas de Milkmakers (disponible en Amazon) o yummymummycookies.com

Ingredientes

3 bananos maduros, bien machacados (como taza y media)
1 cucharadita de extracto de vainilla
½ taza de aceite de coco, calentado a un punto en que quede líquido
¼ taza de mantequilla de cacahuate o mantequilla de almendra
3 tazas de copos de avena
⅔ de taza de harina de almendras

3 cucharadas de semillas de linaza molidas
4 cucharadas de levadura de cerveza de amargura reducida
½ cucharadita de sal kosher
½ cucharadita de canela molida
1 cucharadita de polvo para hornear
1½ tazas de chispas de chocolate o barra de chocolate negro picada (opcional)

Para un sabor extra dulce y reducir el sabor de la levadura, duplica la vainilla y la canela o agrega una cucharada de azúcar morena o de jarabe de agave.

Instrucciones

1. Precalienta el horno a 350° con la parrilla en el tercio superior del horno.

2. En un tazón grande combina bananos, extracto de vainilla, aceite de coco y mantequilla de cacahuate. Reservar. En otro tazón, bate avena, harina de almendras, semilla de linaza, levadura de cerveza, sal, canela y polvo de hornear.

3. Añadir los ingredientes secos a los húmedos y remover hasta que se mezclen.
   Incorpora los trozos de chocolate. La masa será un poco más suelta que una masa para galletas estándar. Coloca cucharadas de la masa, cada una con aproximadamente 2 cucharas de tamaño, separadas por una pulgada, en una charola para hornear forrada de pergamino (las galletas no se extenderán, por lo que se pueden colocar muy juntas).

4. Hornea de 16 a 18 minutos, hasta que la avena esté tostada. Revísalas a aproximadamente tres cuartas partes del tiempo de horneado para verificar que la parte inferior no se queme.

FUENTE DE LA RECETA: LICKMYSPOON.COM

Vino, ¿alguien quiere?

La Academia Americana de Pediatría (AAP) afirma que las madres lactantes pueden tomar una bebida alcohólica ocasional (el equivalente a una cerveza de 12 onzas), un vaso de vino de 4 onzas, o una onza de licor fuerte) pero que deben esperar, al menos dos horas por bebida antes de darle el pecho al bebé. No bebí mientras amamantaba a mi bebé. Puede sonar extremo, pero no tener que lidiar con el bombeo de leche, el almacenamiento y la esterilización de botellas era mejor que una copa de vino. (Detestaba absolutamente el bombeo, todo al respecto ¡hasta el sonido!).

Cuando tomas, alrededor del 2 por ciento del alcohol que consumes entrará en tu torrente sanguíneo y en la leche materna. Sin embargo, dado que cada persona metaboliza el alcohol de manera diferente, la cantidad de tiempo que tarda en metabolizarse el alcohol de la leche materna también varía. El metabolismo depende de muchos factores, incluyendo el peso corporal, el tipo de alcohol consumido y el consumo de alimentos.

Para saber si el alcohol ha salido realmente de la leche materna, puedes usar un kit de análisis de leche. UpSpring Baby Milkscreen para la lactancia materna es recomendado por pediatras y consultores de lactancia.

Sabías que...

El 75 por ciento de las madres producen más leche en el seno derecho. (¡Yo soy parte de este porcentaje!) Aunque produzcas más leche de un seno, siempre intenta cambiar y alimentar al bebé de cada seno para evitar que el busto parezca "desigual". Esto me pasó en los últimos meses de lactancia, y no era divertido usar traje de baño o camisetas ajustadas.

Amamantar ahorra a la familia de $2000 a $4000 por año. De acuerdo con el libro *The Longevity Book* (El libro de la longevidad) de Cameron Díaz, cada parto reduce el riesgo de una mujer de desarrollar cáncer de seno en un 7 por ciento. Cada año de amamantar reduce el riesgo de tener cáncer de seno un 4 por ciento, y cada año de amamantar reduce el riesgo de cáncer en los ovarios un 2 por ciento.

Esto puede deberse a que la lactancia detiene la ovulación, reduciendo los niveles de estrógeno y progesterona, que son los principales factores de riesgo para el cáncer de mama. La lactancia también cambia el comportamiento de las células mamarias, haciéndolas menos propensas a convertirse en células de cáncer de seno.

Para acabar la lactancia

Es tu decisión cuándo destetar a tu bebé. No te sientas mal si lo haces más temprano que otras mamás, o si le diste pecho por más de un año.

Solo sustituye una sesión de lactancia a la vez por una taza de leche entera orgánica si tu bebé tiene más de 12 meses, o fórmula si es menor de 12 meses. Yo lo hice cuando mi hijo tenía 13 meses. La primera sesión que sustituí fue la de la hora del almuerzo. Después de tres días de eso, sustituí también la de la mañana, así que nos quedamos con dos lactancias por día, una antes de la siesta y una antes de acostarse. Después de dos semanas, estaba amamantando a mi hijo solo a la hora de acostarse. Luego empecé a reducir la duración de la sesión. Al principio, lo amamanté durante diez minutos, luego ocho, seis, y así sucesivamente hasta que, el último día le di el pecho por solo dos minutos. Para entonces, mi hijo estaba listo para retirarse y yo no experimenté ninguna congestión.

Repeticiones en la tele

Si estás planeando ver televisión, ¡este es tu momento! Pasarás mucho tiempo, lactando, bombeando y teniendo el bebé dormido en tus brazos.

Una de las mejores cosas que hice fue mover mi hermosa mecedora, que se veía perfecta en el cuarto de bebé, a la sala. Me puse al día con mis programas favoritos de reality shows y series de Netflix. De verdad, sin vergüenza. Si quieres ver repeticiones de tus series favoritas mientras alimentas a tu bebé, adelante, ¡este es tu momento! Acabas de dar a luz a un ser humano; tienes derecho a lo que sea tu placer culposo. En realidad, esto podría ser lo único que te mantenga en tus cabales. Esperarás con impaciencia tus 40 minutos de alimentación para poder descubrir por qué a nadie le gustó el episodio de la Boda Roja de *Game of Thrones*. Solo baja el volumen un poco y asegúrate de que la televisión no le esté dando directamente a tu bebé.

La base de la lactancia es nutrir al bebé

Los grupos de apoyo para la lactancia materna en los hospitales son estupendos. Yo fui al grupo de Sharp en San Diego, y me ayudaron mucho cuando tenía preguntas. Estos grupos son recomendados para mamás que tienen retos durante la lactancia. Ellos pesan a tu bebé antes y después de alimentarlo y te dan nuevas ideas y técnicas para tratar de mejorar tu experiencia de lactancia en casa. Normalmente, este grupo de apoyo es gratis y no requiere registrarse. Los papás también son bienvenidos. Sé que cuando tienes un recién nacido, estás privada de sueño y te sientes abrumada, lo último que quieres hacer es arreglarte e ir a una sala llena de extraños con los pechos de fuera, pero si tienes problemas para amamantar, vale la pena hacerlo. Todas las mamás y papás están solo enfocados en sus bebés y las consultoras en lactancia son muy amables y te dan ánimo. Además, también puedes hacer preguntas sobre tu bebé aparte de amamantar. Mejor aún, no es únicamente para recién nacidos, si tu bebé es mayor y todavía tienes preguntas, puedes ir. Yo fui a mi primera sesión cuando mi bebé tenía cuatro meses y estaba teniendo problemas de reflujo. Lamenté no haber ido antes.

Si has probado tés, galletas, grupo y todavía no puedes amamantar, te doy un consejo: Si no produces suficiente leche, no te estreses, usa las dos opciones biberón y pecho o dale fórmula a tu bebé. La baja producción de leche es normal en nuevas mamás. Yo sé que es más fácil decirlo que hacerlo, pero entiende que estás haciendo lo correcto reconociendo que necesitas darle un suplemento a tu bebé. También, ten en cuenta, que tu estrés no ayudará al bebé cuando lo abraces o lo tengas piel con piel a tu lado. La base de la lactancia es nutrir al bebé. Relájate y continúa con el importante trabajo de cuidar a tu bebé lo mejor que puedas, y recuerda disfrutar cada momento de su desarrollo.

Yo, mi bebé y mi faja

El primer mes, solo enfócate en tu bebé y en tu recuperación. No te peses ni trates de entrar en tu ropa de antes del embarazo. Disfruta a tu bebé, ve a una caminata corta, come saludable. Si quieres darte un gusto de vez en cuando, hazlo, pero no exageres. Toma mucha agua, come mucha fruta fresca y verduras, y proteína dos veces al día, es muy importante para tu recuperación, para tu provisión de leche si estás amamantando y para la pérdida de peso. Trata de comer lo más saludable posible durante este tiempo ya que no puedes hacer ejercicio intenso.

Este mes, haz algo bueno por ti misma. Hazte un manicure, pedicura, corte de pelo o retoque de color. (Sin embargo, no recomiendo hacer nada drástico con tu corte o color). Puede que no estés mentalmente preparada para un cambio de imagen completo, ya que ya tienes un nuevo ser humano en tu casa; no necesitas ningún otro cambio drástico. Si quieres ser atrevida, prueba un nuevo color de esmalte de uñas. Ve a tomar una taza de café a solas para ponerte al día con los mensajes, o charla con una amiga querida. Y toma tantas fotos como puedas de tu ángel. Todos dicen lo mismo, pero es muy cierto. ¡Esto pasa muy rápido!

Por las primeras cuatro a ocho semanas, enfócate solo en tu recuperación y en adaptarte a tu nueva vida de mamá. Duerme cuando puedas y no te preocupes por tu esposo, tus visitantes, tu pelo o la casa. Si estás a gusto con salir tres días después del nacimiento, adelante, si no, quédate en casa. Si hay gente que te quiere ver y tú no estás lista para recibir gente, está bien, ellos entenderán. Sal de la casa luciendo bien o hecha una facha, como te sientas mejor.

Yo recuerdo haber hecho un gran esfuerzo en cuidar mi apariencia para mi primera salida con mi esposo y mi bebé para brunch – me puse maquillaje, me cepillé el pelo, y me puse unas botas y una buena chaqueta. Yo quería desesperadamente sentirme como era antes. Pero ahora que veo nuevas mamás en restaurantes almorzando con sus parejas y bebés, ellas con el pelo recogido y sin maquillaje, y con solo ese resplandor de mamá y ropa cómoda, me parece que lucen ¡sensacionales! Ellas se ven con los ojos cansados, pero su sonrisa genuina y tranquila muestra que a ellas no les importa nada de eso, solo están enfocadas en su bebé, y eso es una verdadera belleza.

Las únicas preocupaciones que debes tener son cuidar a tu bebé y cuidarte a ti misma. Pero eso no significa que debas dejarte ir completamente. Algo que me ayudó y que recomiendo es usar una faja o ceñidor. Sí, puede ser incómoda, pero la verdad ayuda a poner las cosas en su lugar. Yo solo me la quitaba en la noche (¡no podía dormir con eso!) Por supuesto, hubo días en que no la quería usar o que no tenía tiempo para ponérmela, pero trata de usarla lo más posible. Yo no me la puse inmediatamente después de la llegada del bebé, empecé a usarla después de dos semanas y seguí usándola por tres meses. Te verás más esbelta y ayuda a mejorar tu postura. De hecho, Jessica Alba admitió en la revista *Net-a-Porter's en el 2013 que ella usó un* corsé para recuperar su figura después de sus dos embarazos. "Yo usé un corsé doble, fue brutal, no es para todo el mundo". Sin embargo, ella agregó, era "sudoroso pero valió la pena".

Yo te recomiendo Bellefit y Camellias Women's Latex Waist Trainer Corset, los dos están disponibles en Amazon. (¿Qué no está disponible en Amazon?) Asegúrate de que tenga ganchos ajustables para que lo puedas hacer más ajustado, pero aguantable. Ha habido un poco de controversia sobre lo efectivo que puede ser un ceñidor pero después de tener un bebé, la faja definitivamente te ayudará a tener un abdomen plano. En Colombia, es considerado imprescindible después de haber dado a luz. Después de llegar a donde tú quieres llegar, olvídate de ella. Yo nunca volví a utilizar la mía.

Finalmente, sobre el primer mes, saca tiempo para descansar y no seas tan exigente contigo misma. Toma al menos dos semanas antes de empezar a tratar de ponerte al día y mucho más si tuviste una cesárea. Esta etapa de la maternidad dura muy poco, ¡recuerda disfrutarla!

Cuando mi hijo era un recién nacido, recuerdo llevarlo conmigo a algún café y la gente lo miraba y me decían "Oh, ni siquiera recuerdo cuando estaba tan pequeño mi bebé". Era un recordatorio para mí de que disfrutara cada momento; los días pueden ser largos, pero los años son cortos.

Primero viene el amor, luego la cesárea

Mi cesárea me tomó por sorpresa. Nunca pensé que tendría una. Cada vez que una de mis amigas comentaba que había tenido o iba a tener una cesárea, yo pensaba muy confiada: "Eso no me va a pasar a mí". Al principio, no me pareció un gran problema. Después de la cesárea, pude tener un contacto piel con piel con mi bebé, y él comenzó a prenderse de mi pecho inmediatamente. Estaba cansada pero feliz, y muy consciente de todo. Cuando me llevaron a mi habitación, no tenía dolor. Estaba tan feliz de que mi bebé estuviera sano que no pensé en nada más. Vi algunos tubos y sentí cierta presión en mis piernas, pero no le di demasiada importancia. A la mañana siguiente, el médico vino a verme y me hizo muchas preguntas sobre cómo me sentía. Me pareció extraño, pero luego la enfermera dijo: "Acaba de pasar por una cirugía", y fue entonces que caí en cuenta. El dolor que sentí después de estar sin medicamentos durante 12 horas también me hizo más consciente de lo que acababa de pasar. Había leído todo lo que había encontrado sobre el embarazo, pero de las cesáreas, como nunca pensé que iba a tener una, no tenía yo ni la más mínima idea de lo que implica. No fue sino hasta ese momento que me di cuenta de que me habían hecho una cirugía de importancia.

Me tomó un tiempo recuperarme mentalmente de mi inesperada cesárea. Había días en que eso era lo único en lo que pensaba y sentía que no podía hablarlo con nadie. Mi madre y mi hermana nunca me creyeron capaz de tener un parto natural, así que tenía miedo de que me salieran con un "te lo dije". Y con mis amigas me la había pasado pontificando, diciéndoles que la hipnosis que hacía todas las noches estaba funcionando, y que solo tendría que pensar en cómo cada contracción me acercaría más a mi bebé. No quería que se burlaran de mí. No quería que me juzgaran con la mirada mientras pensaban: "Sabía que no podías hacerlo". Tampoco podía compartir mi inquietud con mi esposo, porque él no entendía cuál era el problema y no quería hablar de eso (¿He mencionado que mi esposo es británico?). Ahora que el tiempo ha pasado, creo que las críticas que tanto temor me generaban estaban principalmente en mi imaginación.

Durante mis semanas de recuperación, aunque me sentía bien y llena de energía, tuve un dolor algo extraño allí abajo. Me pregunté si realmente estaba bien, y si habían devuelto todo al sitio correcto durante la operación. ¿Volvería alguna vez a ser la de antes? ¿Podría doblarme y hacer abdominales de nuevo? Pensé que esa sensación se iba a quedar conmigo para siempre. Quería hablar con el médico que había atendido mi parto. Tenía muchas preguntas y pasé toda la mañana antes de mi cita de seis semanas preparándome para la consulta. Al final, solo pude hablar con su asistente y no conseguí las respuestas que andaba buscando.

Cuando salí de la cita, vi a mi médico en su consultorio y quise entrar y preguntarle qué podía haber hecho para evitar la cesárea. ¿Tuve una cesárea porque estaba intentando tener un parto natural o porque la cabeza de mi bebé era grande?. Lo más importante, ¿había puesto a mi bebé en peligro? Me dirigía al consultorio de mi médico, y entonces me detuve porque temía saber la verdad. Me fui, acompañada no solo de esas extrañas sensaciones físicas, sino de un sentimiento de derrota e incertidumbre.

Sé que hay cosas peores que podrían haber sucedido. Mi bebé estaba sano y tuve una buena recuperación. Estaba sumamente agradecida por ello.

Después de meses de sentirme triste por mi cesárea, hablé con mi hermana. Me preguntó por qué me importaba tanto la opinión de los demás. *¿Cuál es el problema de que no hayan sacado al bebé de tu vagina?*

¡Honestamente, eso me parece asqueroso! ¡No pude evitar reírme! (Por supuesto, hay que decir que mi hermana aún no tiene hijos). Ella me recordó que no importaba realmente cómo había venido mi hijo al mundo. Lo importante era que estaba sano. Me ayudó a sentirme mejor sobre cómo habían salido las cosas.

Las madres no deberíamos avergonzarnos porque las cosas no resultan como nosotras creemos que deberían resultar. Habla de lo que sientes con alguien de tu confianza. Si realmente te está costando superarlo, busca ayuda. Aquí hay varios grupos de apoyo con los que puedes ponerte en contacto. *The International Cesarean Awareness Network, Inc.* (la Red internacional de sensibilización sobre la cesárea o ICAN) es una organización sin fines de lucro cuya misión es mejorar la salud materno-infantil brindando apoyo para la recuperación de las cesáreas.

Si la idea de compartir la historia de tu parto te provoca ansiedad, te asusta o abruma, puedes ir a una terapia individual. Un terapeuta que trabaje con los problemas de las mujeres puede enseñarte a manejar las situaciones difíciles con el fin de controlar tu angustia. No tienes que hacerlo sola.

Yo había diseñado un encantador y detallado álbum de mi embarazo, que me llegó después del nacimiento de mi bebé. Al principio, solo lo miré un par de veces. Me dio tristeza ver las fotos donde me veía tan feliz y saludable, pensando que todo iba a salir como lo había planeado. Un día, después de leerle cuentos a mi hijo, vi el álbum y lo tomé. Respiré profundo y comencé a hojearlo. Vi este maravilloso recorrido y decidí no permitir que la cesárea definiera lo que había sido mi embarazo, la llegada de mi hermoso hijo o mi primer año como madre. Había tenido un embarazo sano y perfecto y acepto que todo sucede por una razón, y que había tenido las mejores intenciones en cada decisión que tomé y estaba agradecida por todas mis bendiciones. A veces en la vida es posible que no obtengamos las respuestas que buscamos, entonces, simplemente lo aceptamos y seguimos adelante.

En mi caso, una conversación franca con mi hermana, un poco de meditación y el paso del tiempo fueron suficientes. También leí el libro

Daring Greatly: How the Courage to be Vulnerable Transforms the Way We Live, Love, Parent and Lead (*El poder de ser vulnerable: Qué te atreverías a hacer si el miedo no te paralizara*) de Brené Brown y vi su charla TED, *El poder de la vulnerabilidad*. Ambas cosas me hicieron darme cuenta de que ser vulnerable no es una debilidad (como siempre lo pensé) sino que en realidad es lo contrario y puede convertirse en tu mayor fortaleza. Según Brown, *daring greatly (actuar con audacia)* significa tener la valentía de ser vulnerable, de mostrarnos y que nos vean. Pedir lo que necesitas y hablar de cómo te sientes. Tener las conversaciones difíciles. Entendí que ejercer el poder de ser vulnerable realmente transforma la forma en que vivimos. Cuando nos sentimos lo suficientemente seguros para mostrar nuestra vulnerabilidad es cuando nos liberamos y la libertad es la verdadera felicidad. Ahora que acepto la vulnerabilidad con gusto, puedo compartir esta experiencia contigo.

Gracias a eso, ahora, cuando recuerdo mi plan del parto natural, respiro profundo y pienso… Hice mi mejor esfuerzo ese día y tuve miedo de mostrar mi decepción cuando las cosas no salieron como estaban previstas, así que no me mostré vulnerable por temor a que me criticaran. Pero, hoy, ¡hoy me atrevo a ser vulnerable sin que el miedo me paralice! Exhalo…

Equipo esencial tras la cesárea

* **Faja de recuperación postparto.** Compra la talla que tenías antes del embarazo. Tiene tres opciones para adaptarla; a lo mejor piensas que no llegarás a esa talla, pero con el tiempo lo harás. Si no crees que puedas usarla, compra solo una talla más. ¡Ten en cuenta que tu abdomen se reducirá rápidamente y que estas fajas no son baratas! Cuestan 90 dólares en promedio.
* **Ropa interior especial para cesárea.** C panty es una marca recomendable.
* **Crema para cicatrices BioCorneum.** Hay estudios científicos que demuestran que las cremas para cicatrices

a base de silicona y las láminas de silicona son efectivas para reducir el riesgo de tener cicatrices gruesas e incluso pueden ayudar a aclarar las cicatrices antiguas. Cirujanos plásticos y dermatólogos la recomiendan y es la crema que yo personalmente uso. Cuesta alrededor de 100 dólares, pero dura bastante tiempo. Strataderm es otra excelente opción que mi dermatólogo recomienda enfáticamente.

* **Tratamiento para cicatrices *Embrace Minimize*.** Es una lámina de silicona que protege e hidrata el sitio de la cicatriz, lo que ayuda a mejorar la apariencia de las cicatrices antiguas y nuevas. Una caja trae tres láminas y cada lámina dura un promedio de diez días. Puedes cortar la lámina de forma horizontal para obtener al menos tres trozos de cada lámina. La ultra delgada lámina es muy fácil de aplicar y es resistente al agua. ¡Reduce la picazón, el dolor y la incomodidad asociados con las cicatrices, y funciona!

Si tu cicatriz se levanta y se pone gruesa (lo que se conoce como cicatriz hipertrófica o queloide) y tienes los medios económicos para hacerlo, visita un dermatólogo estético. (Asegúrate de que sea un médico, no un cosmetólogo). El médico puede inyectarte 5-FU para descomponer el exceso de colágeno, lo que hace que la cicatriz se ponga más fina. No te inyectes esteroides. Con los esteroides, existe el riesgo de que la piel alrededor de la cicatriz queloide se contraiga, por lo que se recomienda que lo uses un par de veces como máximo. El 5-FU es mucho mejor y puedes hacerte este procedimiento tantas veces como sea necesario. Cuando tu cicatriz esté plana, puedes hacerte un tratamiento con láser, como el láser de colorante pulsado (PDL, por sus siglas en inglés) y la luz pulsada intensa (IPL, por sus siglas en inglés), que pueden reducir el enrojecimiento y, a veces, el tamaño de la cicatriz. Puede llevarte de seis a doce meses ver los resultados. No te voy a decir que el láser y la inyección son indoloros, pero son procedimientos muy rápidos: no te preocupes, sobrevivirás.

Dicho esto, debo añadir que estos tratamientos no son baratos; pueden costar de 200 a 400 dólares por sesión. Comienza a usar la crema o las láminas para cicatrices tan pronto como tu médico te dé permiso. Aplícalas dos o tres veces al día, sin falta. Configura una alarma que te recuerde aplicarte la crema si es necesario o usa las láminas de silicona. Luego, cada vez que tengas una cita con un médico: obstetra, médico general, dermatólogo, o incluso con tu dentista (¡es una broma!), pídele que revise tu cicatriz. La piel de cada persona es diferente, pero la cicatriz debería verse delgada y plana después de un año.

Depresión postparto

Después de dar a luz, experimentarás una amplia gama de sentimientos. Esto no te hace una mala mamá, es normal. Tener un bebé es un factor estresante en la vida. Cuando traes un bebé a casa, es un gran evento que cambia y afecta toda la dinámica familiar.

Un estudio del 2015 en Alemania mostró que después de dar a luz, hay una baja en el nivel de felicidad general durante el primer año de vida del bebé, este bajón en el nivel de felicidad es mucho peor que el experimentado durante grandes eventos de la vida como divorcio, desempleo e inclusive la muerte de tu pareja (personalmente encuentro estos resultados un poco extremos).

Pero hay una gran diferencia entre tristeza postparto y depresión postparto.

Síntomas de la tristeza postparto *(baby blues)*

* Frustración, irritabilidad, o enojo.
* Sentimientos de cansancio, pérdida de apetito, sueño y cambios de ánimo.
* Llorar sin razón.

Depresión postparto

* Problemas para dormir o para comer
* Inseguridad de saber cómo cuidar al bebé.

Todo esto es normal para el 60 a 80 por ciento de las mujeres y dura más o menos dos semanas. Cambios hormonales durante el parto, más estrés y falta de sueño, pueden causar problemas domésticos que parecen más grandes que lo que realmente son en otro momento.

Para facilitar la transición, busca ayuda con el bebé para que tú puedas descansar. Para algunas mujeres, estos sentimientos se van rápido, pero si no es el caso, habla con tu pareja, una amiga o un miembro de la familia. El ejercicio también es muy beneficioso. Como todavía estás recuperándote, camina un poco con tu bebé o tú sola. Aire fresco y actividad física te ayudarán a sentirte mejor. Estar fuera te da el beneficio de la terapia de luz natural. Si encuentras espacios verdes, mucho mejor. Un estudio de la Universidad de Stanford encontró que la gente que camina por 90 minutos en la luz natural muestra niveles más bajos de rumia (mantener pensamientos negativos) que los que caminaron en áreas urbanas.

Lauren Smith Brody sugiere en su libro *The Fifth Trimester* que constantemente te preguntes, "¿qué necesito en este momento?". Ella afirma que hacerte esta pregunta es parte de nuestra creatividad e inteligencia como padres. "Es una fortaleza, no una debilidad". Inténtalo: ¿qué necesitas ahora? Quizá necesitas una larga ducha caliente o hablar con tu mamá por teléfono mientras comes un pedazo de pastel de chocolate. Quizá necesitas salir a caminar sola, o necesitas que tu esposo venga a casa temprano para ayudarte. Es en serio, cuando mi hijo tenía tres semanas, una vez hice a mi esposo venir temprano del trabajo para ayudarme porque estaba exhausta. Le puedes pedir a tu mejor amiga que te ayude con las compras en el supermercado, hablar con una nueva mamá, comprar un brassier de lactancia diferente, conseguir ayuda para limpiar la casa, pedirle a tu esposo que se haga cargo de los trámites del seguro, hacer una cita de doctor, (¡para ti!), ver una hora de reality TV sin interrupciones, ordenar tu comida favorita a domicilio o hacerte un manicure con masaje de mano incluido. Cuando nos quedamos en casa con nuestros bebés y no tenemos responsabilidades profesionales, miembros de nuestra familia y amigos piensan que es fácil adaptarnos a nuestro nuevo rol y que podemos manejarlo solas sin ningún apoyo. Esto simplemente no cierto. Piensa en lo que necesitas y pídelo. Y esto no solo va por el primer mes, haz de esto una práctica de cuidado personal continuo. Quizá si te haces esta pregunta a diario y actúas, no terminarás después con un montón de emociones acumuladas.

Si los momentos de tristeza no se van a las dos o tres semanas después de haber dado a luz o si los sentimientos se vuelven más intensos, puedes estar experimentando depresión postparto.

Síntomas de depresión postparto

* Intensos sentimientos de tristeza, ansiedad, culpa o desesperación
* Cambio en el apetito (comer de más o comer de menos)
* Insomnio
* Inhabilidad para hacer tareas diarias o falta de interés en casi todas las actividades
* Experimentar poca satisfacción y disfrute con la maternidad
* No deseo de estar con tu bebé
* Pensamientos de lastimarte a ti misma o al bebé

Lo que los números muestran

La depresión es la principal causa de discapacidad relacionada con la enfermedad en mujeres de todo el mundo. Más mujeres sufren de enfermedades mentales durante o después del embarazo que las que desarrollan diabetes gestacional, preeclampsia, o parto prematuro.

Según el Centro de Control y Prevención de Enfermedades de los Estados Unidos, una en nueve mujeres experimenta síntomas de depresión postparto. Puede ocurrir hasta un año después del nacimiento del bebé y afecta a alrededor de 600 mil mujeres en los Estados Unidos, cada año.

Desafortunadamente, solo 15 por ciento de las mujeres con depresión postparto reciben tratamiento.

De acuerdo con la Preventive Services Task Force (Grupo de Trabajo de Servicios Preventivos de los Estados Unidos), las mujeres embarazadas y nuevas mamás necesitan más atención cuando se trata de detectar depresión. La evidencia muestra que la depresión postparto puede ser diagnosticada y fácilmente tratable lo cual es importante porque cuando no se trata, puede causar daño no solo a la mamá sino también al bebé. Y estudios han mostrado que los bebés y niños pequeños con mamas depresivas están sujetos a muchos problemas.

Los bebés pueden ser más difíciles de consolar, ser menos propensos a interactuar con otros y pueden tener problemas para dormir.

Si tú o un miembro de tu familia sospecha que estás pasando por la depresión postparto, por favor habla y has de saber que no estás sola. La depresión postparto no discrimina. Figuras públicas como Gwyneth Paltrow, Hayden Panettiere, Brooke Shields, Alanis Morissette, y Drew Barrymore han padecido esto. Hay que hablar más sobre este tema. Llama a tu médico y pide ayuda. Al buscar apoyo, ya estás dando el primer paso para alcanzar tu buena salud y la de tu bebé.

Qué puedes hacer

Hay muchos tratamientos para la depresión postparto: participar en un grupo de apoyo, terapia de conversación, medicamentos y en casos extremos, hospitalización. Casi el 90 por ciento de los casos de mujeres que sufren de depresión postparto pueden ser tratadas exitosamente con medicamentos o con una combinación de medicamentos y psicoterapia.

Terapia de conversación

Nuevas mamás que se rehúsan a tomar medicamentos durante el embarazo o mientras dan el pecho pueden beneficiarse de las siguientes terapias.

* **Terapia cognitiva conductual.** La TCC te hace retroceder a través de tu razonamiento y sacar tus pensamientos más preocupantes. La idea es volver a poner el problema en

perspectiva para que puedas hacer algo al respecto y seguir adelante. En el lado del comportamiento, la TCC te hace hacer gradualmente cosas de las que puedes estar temerosa.

* **Terapia cognitiva basada en la atención plena.** Ofrece el beneficio adicional de enseñar atención y meditación, lo que puede ayudar a las mujeres a manejar los intensos síntomas de ansiedad y depresión. (Hablaremos más sobre la meditación y sus beneficios en el capítulo 4.)

Ejercicio

La investigación ha demostrado que el ejercicio regular puede ser más beneficioso que ciertos medicamentos antidepresivos.

Christina Hibbert, autora de *8 Keys to Mental Health* (8 claves para la salud mental), dice que el ejercicio produce efectos antidepresivos naturales.

Añade que el ejercicio aumenta los niveles de elementos químicos que hacen que uno se sienta bien, como la serotonina, la dopamina y la norepinefrina, de los que podrían carecer las personas que sufren de depresión.

Cuando se hace ejercicio, las áreas de tu cerebro son estimuladas por estas sustancias químicas que te hacen sentir bien, dándote una sensación positiva.

Mientras te recuperas de la depresión postparto, probablemente verás mejoría mes con mes. Pero sé consciente de que tus síntomas pueden retornar antes de tu periodo debido a las fluctuaciones en tus hormonas.

Admitir que no estás bien es difícil, obligarte a ti misma a ir a terapia o al grupo de apoyo es también difícil. No temas pedir ayuda y recuerda, entre más pronto la recibas, es mejor para tu bebé y para ti. (Y para tu esposo y tu familia inmediata). Tener un bebé debe ser una de las mejores experiencias de la vida, no la peor. Con ayuda profesional, apoyo de tu familia y tu determinación, puedes lograrlo.

Palabras sabias para el primer mes

Si hay algo que aprendí inmediatamente después de convertirme en mamá, es el no juzgar. Cada mamá que conozco está haciendo el mejor trabajo que puede y con tanto amor que nadie merece ser juzgado. Si alguien te pregunta ¿cómo es que el bebé se arañó la cara?, ¿qué haces todo el día en casa con tu bebé? o menciona que te ves cansada o hace burla de tus hormonas postparto, sé paciente y trata de no tomártelo como agravio personal. Esas personas no han vivido lo que tú has vivido, no tienen tu experiencia. Tú estás haciendo lo que es correcto para ti y para tu familia, para que ellos estén saludables y felices. Y hay mucho más que aprender en los siguientes capítulos.

Parte Dos
Ejercicio y alimentación saludable

Cuando estaba en embarazo, tenía un plan para perder el peso del bebé: una hora de cardio, una hora de pesas y 30 minutos de abdominales. Después de tener a mi bebé, me di cuenta de que no tenía ni el tiempo ni la energía para seguir dicho plan. Más importante aún, empecé a reconocer que en orden de perder peso, también tenía que enfocarme en comer saludable, escoger la combinación correcta de alimentos y comer regularmente. Una vez que tuve la aprobación del doctor, empecé a caminar de 20 a 30 minutos cada día. Luego empecé a correr con entusiasmo y a hacer pesas. ¿He dicho con entusiasmo? Tal vez con demasiado entusiasmo. Me lesioné las rodillas y no pude hacer ejercicio durante más de un mes. Mi esposo me recomendó que probara *spinning* ya que las rodillas tienen el soporte de la bicicleta. Y luego descubrí el yoga. Ahora lo practico regularmente y es el ejercicio que más disfruto. Empecé a perder el peso extra, mi abdomen empezó a tener más definición y los estiramientos me ayudaron con el malestar de la lactancia, lo que me ayudó a cargar más fácil a mi bebé (¡y el asiento para el carro!) y me ayudó a sentirme más relajada. Después de toda la locura en casa, es bueno tener una hora de calma para ti. Cuando me quedé estancada y no podía perder esas últimas libras, el spinning fue lo que realmente me ayudó. Si tienes la energía y una membresía del gimnasio, esta es una gran manera de quemar las calorías. Pero solo si lo disfrutas.

De lo contrario, busca opciones para hacer ejercicio en casa. En este capítulo daré algunas recomendaciones.

Si estás embarazada y estás leyendo esto...

La mejor manera de perder peso después del embarazo es no ganar mucho peso durante el embarazo. Suena obvio, pero es verdad. Si solo ganas lo que es recomendado de 30 a 35 libras (13 a 15 kilos), volverás a tu peso más fácil y más rápido. Es la madre naturaleza con un pequeño empujón. Presta atención a lo que comes durante el embarazo. No se necesitan calorías adicionales en el primer trimestre, de 200 a 300 en el segundo y 500 en el tercero, durante la fase de crecimiento rápido. Ingiere un desayuno saludable (huevos, pan tostado, avena y un licuado); proteína, vegetales y cereales integrales en el almuerzo y comida; y refrigerios saludables. Toma suficiente agua, haz un poco de ejercicio (caminar cuenta) y si te estás muriendo por una pizza, hamburguesa, un brownie o un antojo loco como pastel de manzana con tocino, come solo la mitad de una porción y de vez en cuando. Piensa en tu bebé, tu bebé come lo que tú comes.

Mes 1-2

La clave para perder peso durante los primeros meses, como mencioné en el capítulo anterior, es comer bien. Es posible que no tengas la energía, el enfoque o el tiempo para hacer ejercicio durante las primeras ocho semanas. Comer bien y caminar funcionó para mí. No hagas dietas, no hagas *juicing* ni *detox*. La vida con un recién nacido puede ser lo suficientemente ocupada y estresante, lo último que quieres hacer es poner tu cuerpo en estado de ayuno. Tampoco necesitas hacer cardio. Cuando tienes un bebé, estás tan cansada y con tan pocas horas de sueño que lo último que quieres es hacer cardio de alto impacto que estresa más tus músculos y articulaciones.

Ten paciencia y recuerda que tomó tiempo ganar peso y tomará tiempo perderlo. La clave es comer bien, planear por adelantado y tener opciones de comida saludable a la mano.

Sigue caminando

Es fácil incorporar el caminar en tu rutina diaria. Necesitas el aire fresco, además, habrá momentos en los que tu bebé solo dormirá cuando su asiento esté en movimiento. De acuerdo con la Anxiety and Depression Association of America (Asociación Estadounidense de Ansiedad y Depresión), caminar desencadena la respuesta de relajación del cuerpo y ayuda a reducir estrés.

Mes 1-2

Así sea una caminata de 10 minutos, provee energía inmediata y mejora tu estado de ánimo. Además, es bueno para ti y ¡también para tu bebé! Aprovecha los paseos empujando el carrito del bebé y el hecho de que esté dormido (¡con suerte!). Usa zapatos cómodos, y no te olvides de tus audífonos. Una vez que tu bebé esté dormido, escucha música divertida o relajante, haz llamadas (actualízate con amigas o con tu mamá) haz citas médicas pendientes y devuelve las llamadas importantes que perdiste, o mucho mejor aún, escucha un audiolibro. Yo baje la aplicación Overdrive y es formidable, tiene muchos libros disponibles. Obtén los libros que siempre quisiste leer o algo divertido y ligero. Estarás tan enganchada a tus libros que caminarás más y estarás esperando con ilusión tu próxima caminata para continuar con tu libro. De hecho, las personas que hacen ejercicio que usaron caminadoras y que escucharon audiolibros fueron al gimnasio 51 por ciento más de lo usual en un estudio realizado por la Universidad de Pennsylvania. Puedes escuchar una novela, un podcast, un libro sobre cómo cuidar a tu bebé o libros de superación personal. Nunca los subestimes, hay tantas cosas que puedes aprender de ellos, especialmente cuando eres una nueva mamá.

Para las primeras salidas, probablemente solo quieres disfrutar del aire fresco o escuchar música relajante, pero después de un tiempo, por favor, aprovecha este valioso tiempo y haz algo para ti. Reserva los libros en audio en tu biblioteca local y luego los puedes bajar a tu teléfono. También puedes bajar los podcasts que te interesen o audiolibros en Amazon. Depende de tu estado de ánimo, pero durante mis primeros meses de ser mamá, yo solo escuché libros de autoayuda. Recuerdo que el primer audio libro que escuché después de tener a mi bebé fue *The Life-Changing Magic of Tidying Up* (La magia del orden) *de* Marie Kondo y me ayudó a organizar mi casa y a botar muchas cosas que no necesitaba. También me gustaba escuchar libros de mujeres inspiradoras. Es alentador leer sobre mujeres que trabajaron arduamente para llegar a donde están y aprender todo lo que tuvieron que sobrepasar.

La milla extra...

Algo que me ayudó con mi recuperación fue tener la misma ruta para recorrer con la carriola. Hice una cuadra extra o solo unos cuantos pasos más cada día, eso me mantenía motivada. Cuando me sentí mejor y más fuerte (después de 10 semanas) Me llevaba un tapete en el coche, y hacía 10 minutos de abdominales o planchas en el parque mientras mi bebé estaba durmiendo.

Tú ya sabes qué necesita tu bebé. Esta es TU lista de cosas que necesitas para tus caminatas.

Carriola

- Una botella de agua
- Una fruta (banano o manzana, las más prácticas)
- Un café casero o un smoothie (Trata de no comprarlos más de una vez a la semana. Ahorrarás dinero y calorías).
- Auriculares
- Bloqueador solar
- Desinfectante para las manos
- Un sombrero o gorra (Siempre dejo la mía en la carriola, así no la olvido)

Siempre ten tu carrito listo para caminatas. Ya una vez que el bebé esté en el carrito, tú estarás en apuros para salir si empieza a llorar.

Pañalera

- Una blusa extra (para ti) en caso de que tu bebé escupa o vomite sobre ti. Solo lo necesitas en casos extremos. O si no, toallitas húmedas para bebés está bien. Yo solo ahora supe que tan efectiva puede ser una toallita después de tener un bebé. ¡Si pueden limpiar popó, pueden limpiar cualquier cosa!

* Lápiz labial en tono neutro (nude), (este servirá para los labios y como rubor cuando no tengas o no lo puedas encontrar, solo dos trazos en cada mejilla y frotas con los dedos).

* Desinfectante de manos, yo tengo muchos, pongo uno casi que en cada bolsillo (¡a veces no puedo encontrar uno cuando lo necesito!)

* Mentas

* Bloqueador solar

* Ligas para atarse el pelo

* Una bolsa chica con cremallera con almendras. ¡Es el mejor bocadillo! Es saludable, no se echa a perder y es muy llenador. Solamente ten cuidado cuando tu bebé esté más grande y empiece por curiosidad a buscar cosas en tu bolsa.

¿Qué tomar?
Licuados

Estas deliciosas recetas te ayudarán a sentirte con más energía en la mañana y si estás dando el pecho, te ayudarán con la reserva de leche. Y, por favor, no vayas a Starbucks o a comprar el jugo de 10 dólares lleno de azúcar todos los días. Trata de comprar frutas y vegetales orgánicos cuando puedas.

Licuado verde para levantarse y salir

2 tazas de agua o agua de coco
1 manojo de col rizada (kale)
1 manojo de espinaca
1 manzana verde o un kiwi
1 cucharada de linaza o semillas de chía o las dos
4 almendras o un par de nueces

Despiértame (o impulso previo al entrenamiento)
Este licuado era mi favorito cuando entrenaba para mis medios maratones.

2 tazas de leche de almendra o de coco
½ taza de café
Mitad de un banano
1 cucharada de mantequilla de almendra o de maní
Una cucharada de proteína en polvo (opcional)
Un poquito de canela en polvo
Hielo al gusto

Delicioso licuado de blueberries

2 tazas de leche de almendra o de coco
1 puñado de blueberries
1 puñado de fresas
Medio banano
2 cucharadas de avena
Linaza o semillas de chía o las dos
Hielo al gusto

Licuado con chispas

2 tazas de leche de almendra con sabor a vainilla
Medio banano
1 manojo de espinaca
½ cucharada de extracto de menta
Gránulos de cacao
Hielo al gusto

Licuado de limpieza
(ideal para mantener saludable tu sistema digestivo)

2 tazas de agua
1 tajada de piña
1 manojo de espinaca
¼ rama de apio
½ manojo de perejil
1 rebanada de jengibre pelado fresco

Consejos:

* Para incrementar tu reserva de leche, agrega media cucharada de levadura de cerveza a tus licuados

* Agrega nueces, semillas o yogur a estas bebidas para que te ayuden a sentirte más llena por más tiempo

* Agrega dátiles para darle un sabor más dulce, solo uno o dos. Esta fruta es extremadamente alta en azúcar natural, pero también alta en potasio, hierro y fibra.

* Agrega miel como endulzante y como un estímulo de energía natural

* Agrega proteína orgánica, de vainilla o chocolate. Para un estímulo extra de energía y nutrientes. A mí me gusta la marca Orgain, disponible en Costco en los Estados Unidos. La proteína de Tera Whey es también una buena opción, es orgánica y de vacas alimentada a base de hierba.

Chica radiante

Usualmente me tomo un licuado, con algún tipo de proteína pura, y con banano, blueberries, cerezas congeladas, estevia y una mezcla vegetal de verdes dinámicos que va allí, polvo de maca y un poco de cacao. Hay un péptido de colágeno que he estado adorando y ¡he visto la diferencia! Mis uñas son más fuertes y he visto un... como lo explico... un esplendor. Es algo que está trabajando de adentro hacia afuera.

—JENNIFER ANISTON, HABLANDO SOBRE SU RUTINA DE LA MAÑANA EN EL SITIO WELL+GOOD

¿Necesito decir más? Si esto es suficiente para Jen, la reina del esplendor, entonces es suficiente para nosotras simples mortales. Añadir solo semillas de chía a tu smoothie está pasado de moda. Hay un ingrediente nuevo mágico para agregar a tu smoothie tan frecuentemente que apenas puedes mantener el ritmo, pero abajo hay una lista de los mejores. Si estás dando pecho, es muy importante que verifiques con tu doctor. De hecho, yo empezaría a añadir estos ingredientes a mis smoothies una vez que termine el periodo de lactancia.

Colágeno. Los péptidos son aminoácidos de cadena corta derivados naturalmente de la proteína del colágeno. Son un ingrediente clave para que la piel brille y el cuerpo esté sano, ya que garantizan la cohesión, la elasticidad y la regeneración de la piel, el pelo, los tendones, los cartílagos, los huesos y las articulaciones. Además, el colágeno favorece la digestión y la saciedad. Agrega una o dos cucharadas a tus licuados de frutas, café o té. Se disuelve completamente, es insípido e inodoro. Marcas recomendadas: TruMarine™ Collagen y Vital Proteins Collagen Peptides.

Polen de abeja. El polen de abeja posee el mismo rango de efectos que la miel, pero en concentraciones más altas. Además, el polen de abeja contiene una buena cantidad de proteínas. Puede ser consumido diariamente como un alimento muy potente con maravillosos beneficios antienvejecimiento. Yo lo añado a mis licuados y al café. Prueba el Sunfood Super Foods Raw Wild-Crafted Spanish Bee Pollen.

Maca. Aumenta el colágeno, estimula el crecimiento del pelo y lo hace más grueso. Protege contra el estrés, aumenta la energía, mejora la memoria y actúa como antidepresivo y antioxidante. Es más, la maca protege la piel de los daños causados por el sol, protege el hígado y fortalece los huesos. La dosis diaria recomendada es de cuatro cucharaditas. Para ser honesta, le da un extraño sabor a mis batidos, así que solo le pongo media cucharadita y no lo consumo todos los días. Prueba Sunfood Raw Organic Maca Powder. Por favor, ten en cuenta: Si estás amamantando, No debes consumir maca.

Polvo de cacao. Las antiguas culturas azteca y maya consideraban el cacao "comida de los dioses". El cacao agrega un sabor a chocolate mientras que aporta saludables antioxidantes a tus licuados. Con nutrientes como potasio, zinc, hierro y magnesio, los beneficios del cacao son infinitos, pero cómpralo sin endulzar. Puede mejorar tu memoria, aumentar tu sensación de plenitud, reducir enfermedades cardíacas, aumentar la inmunidad, y crear cargas de energía. Además, el cacao también ayuda a eliminar el acné y puede actuar como un suplemento de protección para cuando estás expuesto al sol. Lo mejor de todo es que el cacao puede prevenir el envejecimiento prematuro, ya que pertenece al mismo grupo de antioxidantes que el té verde y el vino tinto. La dosis recomendada es de cuatro cucharaditas al día; no excedas los límites de la cantidad. Prueba Sunfood Super Foods Organic Cacao Powder.

A congelar

Me gustan mucho los batidos orgánicos listos para mezclar de Costco. Estos son fantásticos, especialmente para los primeros meses, ya que lo último que quieres hacer es cortar verduras y frutas. Mis favoritos son los de vegetales verdes y los de blueberries. Los vegetales congelados y frutas son una muy buena

> compra. Son más baratos y tienen casi los mismos nutrientes que los frescos. Cuando compro mis verduras y frutas en los mercados de granjeros o en el supermercado con productos orgánicos, yo lavo y pico todo durante el mismo día y luego los guardo en bolsas pequeñas en el congelador para mayor conveniencia.

Bebidas naturales

Agua caliente con limón. No hay una mejor manera de empezar el día que con agua con limón. Los limones son una fruta sumamente alcalina, lo que significa que equilibra ácidos en tu cuerpo y restaura los niveles de alcalinidad o pH. El limón también ayuda a estimular el sistema inmunológico, limpia el sistema digestivo, limpia el hígado, y contiene una alta cantidad de vitamina C (perfecta contra el envejecimiento). De acuerdo con un estudio en Alemania, hay evidencia de que tomar agua con limón puede ayudarte a mantener un peso estable. Yo he tomado agua caliente con limón por los últimos quince años, junto a otros hábitos saludables, y siempre he tenido un peso estable.

Té de jengibre: Además de ayudar a tu cuerpo a absorber nutrientes, te ayuda a sentirte satisfecha por más tiempo. Actúa como un quemador de grasa y ayuda a controlar los niveles de glucosa. Yo le añado a mi té de jengibre unas cuantas gotas de vainilla y la piel de una manzana o de una pera con una astilla de canela. La vainilla es un antidepresivo, contiene antioxidantes y ayuda a relajar los músculos.

Té verde. El té verde es efectivo para mejorar la síntesis proteica muscular y cortar la grasa en tu cuerpo. También beneficia el sistema inmunológico protegiendo tu cuerpo de los daños de los radicales libres y de las toxinas. Además, el té verde es la mejor bebida contra el envejecimiento, y está llena de antioxidantes llamados polifenoles, lo cual neutraliza los efectos de los radicales libres (moléculas que dañan el tejido sano de la piel). Esto también ayuda a aumentar la firmeza en el cuerpo. Yo antes de tener a mi bebé tomaba mucho té verde, y estoy segura de que esto me ayudó mucho con mi piel y metabolismo. Durante el verano, en vez de pedir tu *iced latte* con crema, cámbialo por un té verde helado, ayudará a tu cuerpo y a tu piel. De acuerdo con estudios científicos, la cantidad ideal para impulsar tu metabolismo es cinco tazas al día. Ve con calma si estás amamantando o busca uno sin cafeína.

Té matcha. Es el tipo de té que tiene la mayor concentración de polifenoles. Acelera el metabolismo y puede proteger al cuerpo de virus y hasta prevenir el cáncer. Pero no tomes más de dos tazas al día. De hecho, yo solo tomo una. Antes de las 4 p.m.

Té de cúrcuma. Tiene propiedades digestivas, es un antidepresivo natural y fortalece el sistema inmunológico. Google Food Trends nombró a la cúrcuma como el ingrediente estrella de 2016. La raíz de cúrcuma fresca ha sido ampliamente utilizada gracias a sus propiedades antioxidantes, antiinflamatorias y anticancerígenas. Los indios lo han usado durante siglos. También elimina las toxinas de la piel y ayuda a eliminar el acné.

La vida comienza después del café

Si estás dando el pecho, es mejor no acostumbrar a tu cuerpo al café. Yo básicamente me abstuve de tomar café los primeros meses, tomaba un sorbo aquí y allá. Después de meses de pasar noches sin dormir, ¡oh sí!, empecé a tomar café todos los días y hasta adquirí una mejor cafetera.

¿Existe algo así como demasiado café?

La American Academy of Pediatrics (Academia Americana de Pediatría) recomienda tomar no más de tres tazas de café al día (200 a 300 miligramos de café al día) para las mujeres en periodo de lactancia. Aunque parte de la cafeína que consumen las madres terminará en la leche materna, la mayoría de las investigaciones sugieren que es menos del 1 por ciento.

Algunos bebés, particularmente los menores de 6 meses, tienen más dificultad para metabolizar la cafeína que los bebés mayores. Los infantes que tienen problemas de salud podrían tener más dificultades con el consumo de cafeína de la madre. Además, presta atención, y si tu bebé está particularmente irritable justo después de que hayas tomado café y lo hayas amamantado, es posible que tengas que recortar o retirar la cafeína por completo. No obstante, si tu bebé es sensible a la cafeína ahora, es posible que no lo sea cuando sea un poco mayor, así que si tienes que dejar o limitar el consumo de cafeína, puedes probar de nuevo más adelante.

Trata de solo tomar una taza de café por día para ir a lo seguro y si tomas más de una taza de café, trata de tomarte un café *latte* que tiene mucha menos cafeína que un café regular filtrado. No te olvides que existen otras fuentes de cafeína que incluyen, el chocolate oscuro y ciertos analgésicos o remedios contra el resfriado (puedes verificar la etiqueta).

Para tu referencia, un café Grande de Starbucks (470 ml) contiene 330 miligramos de cafeína. Un Starbucks Caffè Latte o Cappuccino Grande (470 ml) contiene solo 150 miligramos. Ni siquiera voy a mencionar cuánto hay en un Frappuccino, ¡porque las calorías solas deberían ser suficientes para mantenerte alejada de esa opción! Guárdalo para algún capricho ocasional.

Cómo hacer que tu 'jugo de supervivencia' sea más saludable

No agregues azúcar o endulzante artificial a tu café. Los endulzantes artificiales desencadenan los receptores de azúcar en la misma manera que lo hace el azúcar. Causa incremento de la producción de insulina y a la larga, una subida de azúcar.

Sin embargo, la canela puede ayudarte a controlar tus antojos de azúcar y prevenir la acumulación de grasa en el cuerpo ayudando a la conversión de azúcar en energía. También te ayuda a acelerar el metabolismo. Si tienes el hábito de añadir azúcar o endulzantes artificiales a tu café, empieza con la mitad de tu dosis regular y después de cinco días redúcela hasta que termines con tu hábito.

De la misma manera, algunos lattes tienen entre 200 a 290 calorías.

Solo añadiendo un pequeño chorro de leche a tu café americano puedes ahorrar tu consumo de cafeína y un gran número de calorías, ¡y el dinero en tu billetera! Un poco de leche o inclusive sustituirla por leche vegetal es una buena solución para la distensión abdominal, ya que la bacteria en nuestro colon puede fermentar lactosa, llevando a un exceso de producción de gas. La leche puede ser un gran detonante para aquellos que son susceptibles a la inflamación abdominal lo cual puede ocurrir solamente cuando tu cuerpo tiene un problema con la lactosa. De otra manera, la leche es una buena fuente de calcio y proteína. Simplemente opta por la de 2 por ciento.

De acuerdo con el libro *The Better Baby Book* (El libro del mejor bebé) de los doctores Lana Asprey y Dave Asprey, el café es una de las cosas más importantes de comprar de origen orgánico ya que los cafés convencionales son rociados fuertemente con pesticidas y las variaciones en el procesamiento del grano son importantes. Pero no te estreses sobre esto cuando te estés tomando tu buen merecido café de Starbucks (sin crema, ¡espero!).

¿Sabías que...?

Yo sé que la segunda cosa (o hasta de pronto, la primera) que quieres hacer después de sacar a tu bebé de la cuna es tomarte tu café pero de acuerdo con el Dr. Steven Miller del blog de NeuroscienceDC, el mejor momento para tomarte tu café es 90 minutos después de que te levantas y esto es debido a que tus niveles de cortisol, una hormona que incrementa la agudeza mental, sube naturalmente después de que te levantas, así que hay poco beneficio en tomarse el café en ese momento. Pero después de una o dos horas, la producción de esta hormona empieza a bajar, y ahí es donde puedes aprovechar de verdad tu golpe de cafeína. Además, trata de tomar el café en la mañana, ya que la cafeína toma hasta 14 horas en dejar tu organismo y puede afectar negativamente tu calidad de sueño y por lo tanto tu productividad al día siguiente. Un estudio en el 2013 de la Universidad de Wayne State y el Hospital Henry Ford en Detroit concluyó que cuando se toma café incluso seis horas

> antes de acostarse, la cafeína puede disminuir el sueño hasta en una hora. Yo trato de tomarlo solo una vez al día y normalmente lo tomo a media mañana en la casa (¡así también ahorro dinero!). Muchas veces no me lo tomo todo, o como muchas mamás lo hacen, lo recaliento varias veces durante el día para solo terminar con un *accidental* café helado. Si sé que me voy a ver con una amiga durante el día para tomar un café, no tomo el de la mañana. Yo prefiero el mío con leche de almendra y canela en vez de azúcar.

Cóctel de Mami

Este es el cóctel favorito de mis amigas en embarazo o que están amamantando.

Mezcla seis onzas de agua mineral y seis onzas de agua mineral con sabor (limón o blueberries). Aplasta algunas blueberries y ponlas en el fondo de un vaso de cóctel. Agrega la mezcla de agua mineral y decora con hojas de menta. ¡Salud!

Alimentación saludable

A pesar de que no tengo educación formal como nutricionista, siempre he sido una apasionada de aprender sobre nutrición y mejorar mis hábitos alimenticios. He tenido suerte de encontrar y trabajar con profesionales informados que me han ayudado a ser mejor mamá y al mismo tiempo mantener una dieta balanceada.

Acá encontrarás algunos consejos que he aprendido y que quiero compartir contigo. Este capítulo ha sido revisado por Heidi Parish, una nutricionista de San Diego, California para seguridad y precisión; sin embargo, siempre es buena idea consultar con tu doctor antes de cambiar tus hábitos alimenticios, especialmente, si estás dando el pecho.

Menú
Al despertar
Empieza el día con una taza de agua tibia con limón. A primera hora de la mañana.

Desayuno
Es la comida más importante del día. Estudios muestran que la gente que desayuna tiene 50 por ciento menos probabilidad de volverse obesa. Un desayuno nutritivo elimina la necesidad de comer bocadillos o de tener comidas abundantes más tarde durante el día. Yo sé que a veces es difícil hacerlo ya que como mamás, estamos siempre ocupadas, pero esto es esencial. Trata de comer durante la primera media hora después de despertarte. Te ayudará a mantener la energía durante el día.

Chocolate caliente con canela (recuerda los consejos de mi mamá) un jugo verde o de blueberries, un pan integral tostado con mantequilla de almendra y un poco de mermelada de fresa, un huevo (a veces con tocino o con aguacate o con los dos) o una avena con blueberries, linaza, semillas de chía y un poco de miel. ¿Mencioné que mi apetito es gigante en la mañana?

Bocadillo
Ensalada de frutas con yogur griego, almendras, un poco de miel y semillas de chía.

Lunch
Lentejas con pollo (las lentejas son altas en hierro y son una excelente opción después del trabajo de parto) o pollo con arroz integral y ensalada o sopa de calabaza amarilla con la mitad de un sándwich de queso y verduras son buenas opciones.

Bocadillo
Un tazón de acaí o banano con mantequilla de almendra.

Cena

Carne con camotes (papas dulces) (los cuales tienen más valor nutritivo que las papas blancas) y una ensalada de espinaca; ensalada con pollo y aguacate; o salmón, y un poco de arroz integral y espárragos. De postre (si necesitas algo dulce) mousse de chocolate o una pieza de chocolate oscuro o unas cuantas almendras.

Tú necesitas de mucho hierro para recuperarte del parto (frijoles, lentejas, verduras de hoja verde oscuro, granos enteros y carne), suficientes vegetales y frutas, especialmente las que tienen alto contenido de vitamina C como la naranja (y su jugo), kiwis, pimientos rojos y fresas, estos últimos ayudan a la absorción de hierro.

Tus ingredientes esenciales

Una dieta balanceada contiene proteínas para el crecimiento y la reparación, frutas y verduras con micronutrientes para la salud de los nervios y las células, carbohidratos de grano entero para obtener energía y fibra, lácteos para el calcio, y grasas saludables para el bienestar del corazón, las hormonas y el cerebro.

Proteína
Huevos

Por décadas los huevos fueron difamados como poco saludables porque eran altos en colesterol pero de hecho, los huevos contienen un buen equilibrio de grasas saludables y proteína, así que comerlos te ayuda a sentirte satisfecha y con energía. La mayoría de los nutrientes en el huevo están en la yema, también con la mitad de la proteína y la mitad de la grasa saludable. Así que comer solo la clara del huevo no es recomendable. Yo como un huevo estrellado cada día. Son ricos en hierro y en biotina, que ayudan a tu pelo y piel a estar plenos y saludables. No te olvides de lavar los huevos antes de romperlos. Y finalmente, busca el término "pasture-raised eggs" (huevos de pastizal). Yo antes compraba huevos de gallina sin jaula pensando que era la opción más saludable y lo mejor para las gallinas y el medio ambiente. Pues resulta que aunque las gallinas no están en jaulas, pueden estar en el interior de una estructura, donde están paradas en su propio estiércol y apenas pueden moverse. Tienen poco o nada de acceso al exterior y consumen una dieta de maíz y soya. La cría al aire libre y la cría vegetariana pueden significar lo mismo. Solo hay que comprar huevos de pastizal, lo que significa que los pollos fueron criados al aire libre… en el pasto, ¡como debe ser!

Pescado

El pescado contiene muchos ácidos grasos omega-3, lo cual hace maravillas para tu piel y cuerpo. Estudios han encontrado que la gente que consume omega-3 regularmente tiene menos probabilidades de estar deprimida. Esto es debido a que el omega-3 produce antioxidantes y enzimas desintoxicantes que trabajan contra los altos niveles de estrés. Mi pescado favorito es el salmón, uno de los alimentos más ricos en omega-3 que se puede ingerir. Trata de comer pescado al menos una vez a la semana. El Seafood Watch Program puede ayudarte a escoger que es lo mejor para ti y para el medio ambiente (por ejemplo, que es sostenible y con bajo contenido de mercurio). Hay muchas preguntas referentes a qué tipo de pescado comer, si silvestre o criado en granja. Las recomendaciones son salmón silvestre de Alaska, donde la pesca está muy bien administrada (y deben tener menos antibióticos, contaminantes y grasa saturada, y más calcio, hierro y zinc que el criado en granja), bacalao negro, atún blanco, trucha arco iris, y trucha ártica.

Carne de res alimentada con pastura

De acuerdo con *Special Edition 2017: 100 Healthiest Foods to Satisfy Your Hunger,* (Revista Time edición especial 2017: 100 Comidas saludables para satisfacer tu hambre), consumir el bistec a la plancha es una de las maneras más sabrosas para cargarse de hierro y proteína. La carne roja tiende a tener mala reputación, pero las variedades de carne de res alimentada con pasto pueden ser parte de una dieta saludable y mantenerte satisfecha. Consúmela con moderación (yo solo la como una vez a la semana) y trata de no quemarla, ya que la carne de res quemada puede producir químicos que son considerados cancerígenos por varios grupos de salud. Es muy importante que compres tu carne orgánica y de vacas alimentadas con pastura. Si solo puedes escoger una, escoge alimentada con pastura sobre la orgánica.

Aceites y nueces
Almendras

Las almendras son ricas en fibra, lo que significa que toma mucho tiempo en digerirlas y por lo tanto, suprimen el hambre por un largo periodo de tiempo, (¡Algo que necesitamos como mamás ocupadas!) La mantequilla de almendra cruda es una buena opción para incluirla en tu menú. Las almendras también te ayudan a producir más leche. Otra buena opción son las *walnuts*, las mejores en contenido de ácidos grasos omega-3. A mí no me gusta el sabor de las walnuts (¿no te parece que saben a jabón?) así que yo solo agrego un par a mis smoothies todos los días para comerlas licuadas. No necesitas muchas para recibir todos los beneficios.

Aceite de oliva

El aceite de oliva contribuye a la salud cardiovascular y optimiza los niveles de colesterol. Contiene antioxidantes y químicos de la planta que estimulan el cerebro. Busca el término *cold-pressed* (prensado en frío) lo que significa que el aceite es extraído usando solo presión en vez de químicos y escoge aceite de oliva extra virgen.

Verduras y frutas
Manzanas

El dicho que reza: "comer una manzana al día mantiene al doctor en la lejanía", de hecho es verdad. Un estudio incluido en la en la edición especial de *Time* (*100 Healthiest Foods to Satisfy Your Hunger*) (100 alimentos saludables para satisfacer su hambre) señala que quienes comen manzanas regularmente usan menos medicamentos que quienes las comen menos seguido, tal vez debido a los antioxidantes naturales y la fibra intestinal saludable. Además, las manzanas contienen pectina, una mezcla que retarda la digestión y promueve el sentirse satisfecho.

Aguacates

Los aguacates tienen un alto contenido de grasa saludable y están llenos de fibra, así que te mantienen llena por más tiempo. ¿Otra ventaja? Son muy ricos en potasio. Bajos niveles de potasio pueden llevarte a un alto riesgo de alteraciones del estado de ánimo como irritabilidad, depresión y tensión.

Blueberries

Las blueberries contienen muchos antioxidantes y contribuyen a la producción de colágeno, lo cual puede prevenir algunos daños ligados con el envejecimiento de la piel, recuerda entre más oscura la baya, más alto es el contenido de vitamina C y E. Come un puñado de blueberries cada día.

Brócoli

Rico en antioxidantes y fibra. Es bajo en calorías.

Col rizada (kale)

Es una comida rica en antioxidantes. También tiene mucha fibra, lo cual ayuda con el proceso digestivo.

Kiwis

Los kiwis pueden verse pequeños, pero contienen dos veces más vitamina C que las naranjas (uno solo contiene dos veces la cantidad de vitamina C que necesitas en un día) más fibra que las manzanas, y tanta vitamina E como un aguacate. Todo esto por menos de 50 calorías.

Cereales y semillas
Semillas de chía

Las semillas de chía están llenas de nutrientes: fibra, proteína, ácidos grasos omega-3, y vitamina B1, la cual es llamada la vitamina antiestrés.

Flaxseeds (linaza)
Son una gran fuente de magnesio, que puede ayudar a aumentar la energía. También ayudan con la digestión y reducen los antojos de azúcar. Si le agregas dos cucharadas de semillas de linaza a tu smoothie o avena diariamente, tendrás una piel, pelo y uñas más saludables.

Lentejas
Las lentejas, igual que los frijoles y los garbanzos (que, por cierto, se consideran una fuente de energía contra el envejecimiento), ofrecen hierro, proteínas y fibra, que ayudan a que te sientas satisfecha por más tiempo. Las legumbres son de los alimentos más sustanciosos disponibles.

Avena
La avena es un alimento rico en fibra, lo que la convierte en una excelente opción para perder peso porque ayuda a sentirse lleno por más tiempo. También ayuda con la producción de leche. Siempre elige avena tradicional en lugar de avena instantánea empaquetada, a la que se le ha añadido sal y azúcar.

Quinoa
Es una de las comidas saludables más populares y hay muchas razones para ello: es rica en proteína, fibra, minerales (especialmente magnesio, potasio, zinc, y hierro), y en antioxidantes. Contiene los aminoácidos esenciales para una buena salud.

La verdad sobre los granos integrales

Los carbohidratos son una fuente muy importante de energía. Se les ha dado una mala reputación por dietas de moda que eliminan todos los carbohidratos para perder peso, pero son una parte muy importante de nuestra alimentación para la energía y salud de las células.

Los cereales integrales tienen más fibra que los granos

refinados, por lo que son una mejor opción, pero no te ayudarán a perder peso. Los cereales integrales, el pan y las pastas tienen aproximadamente la misma cantidad de calorías que sus contrapartes más procesadas y son muy fáciles de comer en exceso. Pero los granos enteros son una fuente importante de energía en la dieta y tienen mayor valor nutricional que las opciones refinadas. La razón por la que los carbohidratos y los granos enteros son a menudo un punto de contención en las dietas se debe al tamaño de las porciones. La recomendación habitual es una pequeña cantidad de carbohidratos acompañados de proteína magra como una nutrición válida para comidas y bocadillos. Sin embargo, los tamaños de las porciones en Estados Unidos son ridículas, por lo que muchas personas aumentan de peso por comer demasiadas calorías, no necesariamente carbohidratos.

Lácteos
Kéfir

Yo me enteré del kéfir hace poco, así que llegué tarde a la fiesta. Kéfir es un producto lácteo fermentado (leche de vaca, cabra u oveja) que sabe como un yogur para beber. Se considera más saludable que el yogur, ya que contiene enzimas vivas y más cepas de bacterias beneficiosas. Aumenta la inmunidad, apoya la desintoxicación, cura varios problemas digestivos y ayuda con alergias y asma. Generalmente es aguantado por las personas que son intolerantes a la lactosa (el kéfir es fermentado y relativamente bajo en lactosa). Yo compro el versión baja en grasa, sin azúcar, y por lo general lo tomo con algunas moras azules, granola y miel.

Yogur

Es importante consumir suficiente calcio para fortalecer la salud de los huesos, y el yogur es una estupenda fuente de calcio. Yo prefiero yogur griego, porque tiene más proteína que el regular. Cómpralo sin azúcar y endúlzalo tú misma con fruta fresca, miel o jarabe de maple.

Compra orgánico cuando sea posible

Mantén esto en mente cuando estés alimentando a tu bebé. Con base en los resultados de las pruebas de pesticidas en curso realizadas en los productos y recolectadas por las agencias federales, los pesticidas y las sustancias químicas pueden tener efectos adversos en la salud, especialmente durante el desarrollo del feto y en la niñez. Compra productos orgánicos siempre que sea posible.

La *Environmental Working Group's Shopper's Guide to Pesticides* (Guía del comprador de plaguicidas del Grupo de Trabajo Ambiental) identifica las frutas y verduras que tienen el más alto y más bajo nivel de residuos de plaguicidas.

La guía del comprador sobre pesticidas en los productos agrícolas

Los 15 limpios
Para empezar, los productos más limpios: aguacates, maíz dulce, piña, repollo, cebolla, chícharos, papaya, espárragos, mangos, berenjena, melón verde, kiwis, melón, coliflor y brócoli.

La docena sucia
Los 12 productos más contaminados, empezando con los más sucios son: fresas, espinacas, nectarinas, manzanas, uvas, duraznos, cerezas, peras, tomates, apio, papas y pimientos dulces.

Mes 3

Tres meses es un punto importante para el bebé. A esta edad, empiezan a mostrar su personalidad. Se ríen más, están más alerta e interactúan más con el mundo alrededor de ellos. Es también un hito importante para ti. ¡Es tiempo de trabajar en ti! Ya tuviste tus dos meses de licencia, te has enfocado en el bebé y tienes más confianza en tus habilidades como mamá. Con suerte, después de estos meses has perdido un poco de peso. ¡Al menos el bebé, la placenta y los fluidos están fuera de tu cuerpo!

Alimentación sana

Yo recuerdo cuando estaba en embarazo, el desayuno era muy importante para mí. Cada día comía avena con banano, un licuado de espinaca, kiwi y kale; y huevo con pan tostado. Después del bebé, lo único que cambié es que agregué ¡una taza de chocolate! En mi tercer mes me di cuenta de que estaba comiendo igual que cuando estaba en embarazo, yo todavía estaba lactando, pero no necesitaba comer todas esas calorías extra, así fueran saludables. No te comas un desayuno grande solo por comerlo. Si tienes mucha hambre, entonces sí, adelante.

Para perder peso debemos enfocarnos más en la nutrición que en incrementar tu actividad física. Un estudio de la Universidad de Missouri encontró que los participantes que asistieron a las reuniones de Weight

Watchers durante doce semanas perdieron cerca de 9 libras (4.08 kg); los que se inscribieron en un gimnasio perdieron cerca de 3 libras (1.3 kg).

Para la mayoría de las personas que tratan de perder peso, comer comidas y bocadillos pequeños y frecuentes usualmente lleva a mejores resultados, ya que esto usualmente ayuda a mantenerse más satisfecho durante el día y puede llevar a mejores opciones. El ejercicio sigue siendo saludable para ti, no me malinterpretes, pero solo puede quemar una pequeña porción de las calorías consumidas durante el día. Si comes más calorías de las que quemas, entonces aumentarás de peso. Por el contrario, si consumes menos calorías de las que quema tu cuerpo, entonces perderás peso. Reducir 500 calorías al día llevará a una pérdida de peso de una libra al final de la semana. Reiniciar la dieta y el ejercicio simultáneamente puede no ser una buena idea. Puede ser más fácil hacer un cambio a la vez. Los resultados positivos que tú veas pueden ser un motivador para hacer el siguiente cambio.

Menú
Lo siento, pero vamos a tener que empezar a cortar un poco las calorías.

Desayuno
Una taza de agua caliente con limón apenas te levantas y té verde durante el día (sin cafeína). Avena con fruta o un huevo con pan integral y medio o un ¼ de aguacate. O un smoothie con mantequilla de almendra.

Almuerzo
Ensalada de pollo, wrap de pavo, o una hamburguesa vegetariana (sin pan o con solo una rebanada). Agrega ensalada o arroz integral con garbanzos, kale, tomates, pepino o un poco de jugo de limón.

Cena
Bistec, salmón, o pollo, con una ensalada o verduras salteadas (usa aceite de coco) con quinoa.

Cuando estés cocinando la cena, planea con anticipación y haz de más para tener a la mano para la semana. Puedes preparar ensalada de atún (usa jugo de limón y verduras y, en lugar de mayonesa, agrega aguacate) y guárdala en el refrigerador.

Yo no soy una gran fan de las ensaladas. ¡No me llenan! Cuando estaba atascada con mi peso, traté de comer ensalada de pollo para la cena todos los días. (Lo sé, muy aburrido.) Le agregaba un par de crotones, un poco de queso parmesano, naranjas y un aderezo casero (aceite de oliva, vinagre balsámico, sal y pimienta) para hacerlo más divertido. También me gustaba un poco de quinoa en mi ensalada por la noche para obtener proteínas y carbohidratos. Una ensalada de cena con quinoa satisface tu hambre durante más tiempo que una ensalada sin granos integrales. Las nueces tostadas, las frutas secas (en pequeñas cantidades) y los aguacates son grandes añadiduras. Es una comida ligera que realmente me ayudó a perder los kilos extra más rápidamente.

Ideas de bocadillos

Los bocadillos son a menudo un punto en el que la gente se equivoca cuando se trata de comer buena comida sobre la marcha. Los buenos bocadillos serían algo así como chips horneadas de col rizada, manzana o bananos con mantequilla de maní o de almendra y canela, yogur griego natural con fruta fresca, licuado verde o de blueberries, o un licuado de proteína con leche de almendra. Además, frutas como la sandía, las fresas y la toronja, que son aproximadamente 90 por ciento agua, son excelentes como bocadillo. Otras sugerencias son las verduras con humus o tahín, pudín de semillas de chía (ver receta más adelante), tazón de acaí (ver receta más adelante), salmón ahumado en galletas de trigo integral, o el bocadillo favorito de Jessica Alba: palomitas (Disfruté mucho este hasta que puse las palomitas en el microondas más tiempo del necesario y la bolsa empezó a quemarse. Traté de hacerlo de la manera tradicional, y quemé la sartén. Mi marido me ha prohibido desde entonces hacer este bocadillo.) La marca Skinnypop ofrece bolsas individuales que contienen 100 calorías, por lo que no hay necesidad de preocuparse por el tamaño de las porciones. Puedes hacer en casa o comprar en los supermercados bolsitas de nueces y frutos secos mezclados. Es un buen *snack* y es estupendo tenerlos a mano para un bocadillo rápido y tenerlos en el coche y en la bolsa de pañales como una opción saludable para llevar en el camino.

Aquí están algunas recetas que son rápidas y fáciles de hacer. Algunas de ellas tienen ingredientes que puedes compartir con tu bebé cuando empiece a comer sólidos.

Tazón de acaí

1 bolsa de acaí congelado
1 banano

¼ taza de leche de almendras, soya o leche descremada
Un puñado de blueberries

Licuar todos los ingredientes durante 30 segundos. Puedes elegir que tenga una consistencia de helado más espesa para los tazones, o una consistencia líquida más delgada para los licuados. Sírvelo con la granola encima.

Pudín de semillas de chía

1 banano
½ cucharadita de jugo de limón
Media lata de leche de coco sin azúcar (reducida en grasa)

1 pizca pequeña de sal
5 cucharadas de semillas de chía
1 cucharadita de extracto de vainilla
1 cucharadita de azúcar o miel

Mezclar todos los ingredientes excepto las semillas de chía en una licuadora durante un minuto. Agrega las semillas de chía y deja reposar por lo menos 10 minutos, luego mézclalas por 30 segundos. Coloca la mezcla en un recipiente cerrado y ponlo en el refrigerador durante un par de horas para que se asiente. ¡Agrega banano o blueberries o disfrútalo tal como está!

Para una receta más fácil, solo remoja las semillas de chía durante la noche en leche de almendras y añade unas gotas de extracto de vainilla.

Banano y chocolate con avena reposada

1 taza de leche de almendras
2 cucharadas de proteína en polvo (chocolate o vainilla)
½ banano maduro, cortado en rodajas
½ cucharada de cacao en polvo
4 cucharadas de avena
½ cucharada de semillas de chía (opcional)

En un recipiente con tapa, coloca todos los ingredientes y revuelve. Cerrar la tapa y agitar para mezclar bien. Colócalo en el refrigerador durante al menos ocho horas o toda la noche. Por la mañana, toma una cuchara y disfruta.

Panqueques de banano

1 banano
½ taza de harina de avena
1 cucharada de cacao en polvo (opcional)
1 cucharada de azúcar de coco (opcional, si el banano no lo deja lo suficientemente dulce)
½ cucharadita de polvo de hornear
⅓ taza de leche de almendras o leche regular (añade un poco más si lo necesitas)

Mezclar todos los ingredientes en una licuadora

Calienta una sartén a fuego medio, agrega pequeñas porciones de la masa a la sartén para que haya espacio para al menos 4 a 5 panqueques. Esta es una excelente opción de desayuno para ti y para tu bebé (a partir de los 7 u 8 meses). Guarda las sobras en el refrigerador (yo los empaco individualmente en bolsas Ziploc) y ponlos en el tostador cuando te apetezca algo dulce. Yo le añado mantequilla de almendras y un poco de miel a los míos.

Avena de Quinoa

Esta receta es el desayuno diario de una querida amiga mía. Lo cocina el domingo por la noche y luego disfruta de este desayuno rico en proteínas todos los días de la semana. Es ideal para desayunar o simplemente para tomar a media tarde en lugar de un bocadillo lleno de calorías. Vuelve a calentarlo en el microondas durante un minuto.

1 taza de quinoa	2 tazas de leche de soya o de almendras
½ taza de pasas	
1 taza de agua	Enjuagar la quinoa y verterla en una olla. Agrega suficiente agua (aproximadamente una taza).
Pizca de canela	

Poner a hervir y añadir dos tazas de leche de soya o de almendra. Deja hervir a fuego lento, revolviendo con una cuchara de madera de vez en cuando. Agrega más canela molida a la leche de soya y pasas. Continúa hirviendo a fuego lento hasta que el grano esté blando y la leche casi se haya absorbido. Disfruta con semillas de chía y blueberries. Refrigera en un recipiente de vidrio.

Garbanzos asados

Este es el snack favorito de otra amiga cercana, que prefiere los bocadillos salados. No soy una gran fan de los garbanzos, pero debo decir que cuando se asan, saben deliciosos y ayudan a mantenerte llena durante todo el día.

1 lata de garbanzos	1 cucharada de aceite de oliva
1 pizca de sal	1 pizca de orégano

Calienta el horno a 400F. Enjuaga los garbanzos y sécalos lo más posible con toallas de papel. Si puedes, déjalos secar al aire durante unos minutos. Coloca los garbanzos en una bandeja para hornear. Cubre con aceite de oliva y espolvorear con sal y luego removerlos con una espátula para que se mezclen uniformemente. Asar durante 30 minutos. Sácalos del horno y mézclalos con el orégano.

Para recibir recetas más deliciosas y sencillas en tu email, regístrate en saragaviria.com

Ejercicio

Una vez que hayas bajado las primeras libras, el ejercicio es muy importante, tanto para mantener tu cuerpo saludable como para mantener tu mente fuerte. Según la Asociación Americana de Psicología, el ejercicio alivia el estrés y reduce la depresión.

Después de obtener la aprobación del médico, recomiendo un mínimo de tres sesiones de ejercicio por semana, más 30 minutos de caminata todos los días. No necesitas salir de casa para hacer ejercicio. Hay muchas cuentas de Instagram o DVDs con rutinas de ejercicios. Yo hice los de Alexa Jean Fitness (revisa su cuenta Instagram) y un entrenamiento post-embarazo de Tracy Anderson en video (Amazon). Hice el desafío de abdominales de 30 días de Alexa Jean Fitness, que puedes descargar en tu teléfono y hacer en casa sin necesidad de equipo. Solo tienes que hacerlo cinco veces a la semana y toma menos de 30 minutos. Yo lo hice durante 30 días y aunque me salté algunos días, aún así vi resultados.

Cuando empieces a sentirte más fuerte y lista para hacer algunos ejercicios por tu cuenta, trata de incorporar algunas variaciones de planchas en tu rutina, esta no solo es la mejor manera de recuperar tu abdomen, sino que también verás una transformación general en tu cuerpo, ya que involucran más de 20 músculos, incluyendo hombros, piernas, glúteos y brazos. Las planchas pueden ser un reto, pero son una de las formas más efectivas y seguras de ejercitar el cuerpo. Comienza con los ejercicios para principiantes y práctica cada movimiento durante 30 segundos. Mis favoritos son la plancha estándar tradicional o plancha alta, planchas laterales y plancha con toques de hombros.

Al final del tercer mes, trata de incorporar el ejercicio o cualquier tipo de actividad física en tu rutina. Ve al gimnasio, sal a caminar con la carriola, haz algunas posturas de yoga o baila frente a tu bebé (a ellos les encanta eso). También puedes hacer ejercicios sencillos como sentadillas y abdominales, los cuales trabajan muchos grupos musculares de manera efectiva. Comienza con tres series de 10 y trabaja hasta cuatro series de 15 o 20. Es muy importante que cuando empieces a ejercitarte, lo hagas con algo fácil y luego vayas acumulando. Tú conoces tu cuerpo mejor que nadie. Sé consciente de tus límites y de cuándo es mejor no presionarte a ti misma.

Asegúrate de estar siempre en movimiento. Recuerda, será bueno no solo para tu cuerpo sino también para tu mente. Planea tu día con anticipación. Si vas a reunirte con una amiga por la tarde, trata de hacer algo de ejercicio por la mañana mientras tu bebé duerme la siesta. Si deseas ver un programa de televisión por la noche, planea hacer sentadillas o ejercicios de abdominales mientras lo ves. Siempre puedes disponer de 10 a 15 minutos para mover tu esqueleto.

Trata de tener una actitud saludable hacia el ejercicio. No te tortures si no puedes hacerlo todos los días. Dicho esto, necesitas ser consistente si quieres ver cambios. Una vez que hayas logrado tu objetivo de peso, puedes disminuir un poco la velocidad. Pero recuerda, el ejercicio es un hábito, un estilo de vida.

Al final de este mes, podrías empezar a pesarte todos los días. Yo sé que algunos doctores, entrenadores y expertos en pérdida de peso te dicen que no te peses todos los días, pero para mí realmente funcionó. Era la única manera de medir mi éxito. Esto también está apoyado por varios estudios. Un estudio realizado en 2015 en la Universidad de Cornell encontró que el pesaje diario ayudaba a las personas a perder más peso, y a mantener esa pérdida, incluso después de dos años.

Además, durante la conferencia de American Heart Association en el 2015, los investigadores dijeron que monitorear el peso permite a la gente ver qué efecto están teniendo sus dietas. Participantes que se pesaron diariamente también evitaron comer de más. Esta gente también reportó sentirse confiada en evitar tentaciones, según el estudio. Esto debido a que eran más conscientes de cuándo comían de más.

Asegúrate de anotar tu peso cuando te pesas. Tiene sentido, "cuando encontramos nueva información y queremos aprender de ella, nos debemos forzar a hacer algo con los datos. No es suficiente que tu pesa le mande actualizaciones diarias a tu teléfono. Oblígate a trazar esas medidas en papel y será más probable que escojas una ensalada sobre una hamburguesa", según *Smarter Faster Better, the Secrets of Productive in Life and Business*

Mes 3

(Más inteligente, más rápido, mejor, los secretos de lo productivo en la vida y en los negocios) de Charles Duhigg. Después de que llegué a mi meta de peso, ni siquiera me pesé todos los días. ¿Quién tiene tiempo para eso con un bebé gateando por toda la casa, cierto? Yo me peso unas cuantas veces al mes y también cuando vuelvo de vacaciones o cuando siento que no he hecho ejercicio o no he comido bien por un par de semanas.

Continúa con las tres comidas principales y dos bocadillos por día y haciendo ejercicio tres veces a la semana y haciendo el reto de los abdominales o al menos una buena serie de planchas durante los meses 4 y 5. Se volverá más fácil semana por semana.

Mes 6

Finalmente te sientes como eras antes y estás sorprendida por las cosas que tu bebé puede hacer todos los días. Mi bebé empezó a gatear en su sexto mes y ahí fue donde las cosas empezaron a complicarse. Es cuando comencé a entender cuando algunas mamás dicen "yo no hago ejercicio, solo corro detrás del bebé todo el día". Siempre pensé que eso no tenía sentido, pero ahora, ¡entiendo completamente!

Tu dieta también puede sufrir. Entre cocinar, limpiar y asegurarte que el bebé esté vivo cada minuto (si tienes uno que gatea muy pronto), apenas y tendrás tiempo para comer.

Nunca he sido la mejor cocinera, y nunca he estado interesada en el tema. Decir que estaba abrumada cuando empecé a cocinar para mi bebé es un eufemismo. También soy muy desordenada en la cocina, ¡hago un puré de manzana y mi cocina queda como si acabara de hacer una cena de Acción de Gracias!

Alimentación saludable

Al despertar
Toma agua caliente con limón y agua y té verde durante el día.

Desayuno

Licuado con avena o huevo con pan integral.

Almuerzo (en la marcha, ¡el bebé anda muy activo!)

* Te puedes comer la sopa o el puré de verduras que le hiciste a tu bebé, solo agrega un poco de sal, pimienta y un poco de queso rallado y cómetelo con una rebanada de pan integral y la mitad de un aguacate.

* Sándwich abierto con pavo bajo en sodio o los sobrantes del pollo asado o de la carne de la noche anterior (siempre hago extra para mis almuerzos) y queso. Queso suizo es una buena opción (más bajo en calorías y grasa que el cheddar) a mí me gustan las rebanadas delgadas de queso, son menos calorías pero así y todo cubren todo el sándwich. También puedes untarle al pan un poco de queso de cabra. Con un poco se llega lejos.

* Sushi de arroz integral de la charcutería.

* Bagel de trigo integral con salmón ahumado y queso crema ligero en solo un lado.

* Hamburguesa vegetariana orgánica (de la sección de congelados busca una con la más baja cantidad de sodio) con una rebanada de pan integral, un poco de mostaza y ensalada.

* Atún con tomates cherry, pimientos morrones y limón. Pon un poco de ajo en una sartén caliente, luego agrega los tomates y los pimientos. Después de tres minutos, agrega una lata de atún, mezcla todo y agrega limón y un poco de salsa de tomate orgánica (así me gusta).

Bocadillos

Fruta o almendras sobre la marcha (ponlas en la pañalera o en el automóvil), edamame, una barra de proteína. Recuerda un buen objetivo en cuanto a las calorías para los bocadillos es de 150 a 250 calorías, dependiendo de tu peso y de tus necesidades calóricas. En general, una buena recomendación para contenido de azúcar es no más de 3 gramos de azúcar por 100 calorías. Obviamente algún azúcar es natural, así que esto debe tomarse en consideración.

Cena

Quesadilla con carne asada o camarones y verduras, pasta integral con pollo, o atún en salsa de tomate y pimientos, o salmón con arroz integral y verduras. ¡Me como el mundo! Tengo tanta hambre y soy tan feliz que puedo comer ya con mi bebé dormido. Si estás de afán o estás muy cansada para cocinar, ¡arroz con huevo es la solución!

Pon la mitad de un aguacate encima y un poco de aceite de oliva.

Postre (de vez en cuando para el antojo de algo dulce)

Mousse de chocolate, mochi helado de chocolate, granola con leche de almendra, o yogur griego con miel.

¡No olvides tus vitaminas!

Si estás todavía dando el pecho, asumo que estás tomando tus vitaminas prenatales. Si no, puedes continuar tomando tu multivitamínico. Es muy probable que no estés consumiendo la cantidad de vitaminas y minerales que son vitales para tu salud y tus niveles de energía. Es siempre mucho mejor obtener estos ingredientes a través de una buena dieta, pero como somos unas mamás ocupadas y con las incesantes exigencias de tu bebé, probablemente no estás comiendo tan bien como deberías. Tomar un multivitamínico puede ayudar a llenar esas lagunas nutricionales. Además, puede ayudar a darte una piel, pelo y uñas radiantes. A mí personalmente me gustan las de Garden Of Life Mykind Organic Women's Once Daily Multivitamin, las cuales son hechas de comida real (más de

> 30 frutas orgánicas, vegetales y hierbas). Habla con tu doctor para encontrar el mejor multivitamínico para ti.

¿Necesitas dulzura en tu vida?

Ya sabes que el azúcar es malo para ti, ¿cierto? Científicos han publicado recientemente numerosos estudios mostrando que la grasa después de todo no es tan mala. Pero el azúcar ciertamente lo es. ¡Te acarrea sobrepeso y puede generar arrugas! (descompone el colágeno, la sustancia que hace a tu piel rellenita, joven y firme) Si eres golosa como yo, satisface la necesidad con chocolate oscuro. El chocolate oscuro en moderación es bueno para ti. (Yo me puse muy contenta cuando me enteré de esto hace unos cuantos años) al parecer tiene una gran variedad de poderosos antioxidantes y grasas saludables. Busca un chocolate con un 80 por ciento de cacao para obtener los máximos beneficios antioxidantes y menos azúcares agregados. (Lindt, Green and Black, Ghirardelli, y generalmente el suizo y otras marcas europeas tienen ese porcentaje) Si te privas completamente de tu placer culposo, te empezarás a obsesionar y en algún punto terminarás clavándote en un pastel de chocolate gigante. Para hornear en casa, usa endulzantes saludables como xylitol (de madera dura, no de maíz) o estevia. Para ver la receta más deliciosa y simple de un pastel de chocolate sin azúcar (¡listo en 20 minutos!), suscríbete a mi boletín en saragaviria.com para recibirlo en tu correo electrónico.

Ejercicio

Yo perdí todo el peso del bebé a los seis meses. Fue un proceso lento pero consistente. Mi bebé era muy activo, y me tomó un poco de energía el mantenerme a la par con él, así que pude cortar un poco en mi rutina de ejercicio. No me preocupé mucho porque todavía estaba haciendo mis caminatas diarias, estaba enfocada en comer muy saludable y trataba de dormir bien cuando podía. Cuando me sentía capaz de hacerlo, hacía unas cuantas poses de yoga, o iba a una clase o hacia algunos abdominales de vez en cuando. Sentí que no había necesidad de hacer pesas para mis brazos, cargar al bebé y el asiento del auto era suficiente.

¿Abdominales? ¿Y qué hay de tu trasero?

Mi hermana, ¿recuerdas, a mi adorable hermana? Ella vino para Navidad cuando mi hijo tenía ocho meses, después de no haberme visto por cinco meses. Ella me miró desde todos los ángulos y dijo en un tono muy serio: "Necesito decirte algo".

Yo: "¿Qué?
Hermana: "No tienes trasero".

Estaba yo tan enfocada en tener un abdomen plano que me olvidé completamente de mi trasero. Conforme pierdes el peso del embarazo y la grasa extra, esta voluptuosa parte de tu anatomía sufrirá (¿el mío era voluptuoso? ¡No me acuerdo!). ¡Como si no tuviéramos suficientes problemas físicos!

Pero, ¿por qué sucede esto? Aprendí de Kim Vopni, conocida como la Doula del Fitness, que durante el embarazo nuestro centro de gravedad cambia y afecta nuestra postura, por lo que nuestro cuerpo trata de sobrecompensar en otras áreas para aclimatar este cambio en la dinámica, así como el peso extra. Las mujeres tienden a equilibrar este cambio empujando sus caderas hacia adelante y apretando la parte baja de la espalda hacia el coxis, jalando su trasero hacia adentro. Después de un periodo de sobrecompensación de nueve meses, esta nueva estructura se vuelve normal, haciendo que el trasero que se empuja hacia adentro parezca más plano. ¡Es por eso que los jeans para levantar traseros son tan populares!

Solo recuerda agregar sentadillas y tijeras a tu rutina de ejercicio. Personalmente, me gusta incluir a mi rutina variaciones de sentadillas y tijeras porque esto mantiene mis músculos activos, especialmente en los días en que tengo poco tiempo para hacer ejercicio. Si te sientes lo suficientemente fuerte, agrega pesas. Solo ten en cuenta que lo más dedicada que estés a estos ejercicios, mejores resultados notarás. Personalmente, a mí me gusta mucho Sascha Fitness y la sigo en Instagram y en su canal de

YouTube. Ella comparte muy buenas rutinas de ejercicio. También, me gusta mucho la app de Brooke Burke: Body app; ella tiene unos ejercicios muy efectivos para los glúteos.

Trata de comprometerte a seguir un estilo de vida saludable. Tu cuerpo reacciona a como lo alimentas mental, espiritual y físicamente. No te culpes cuando no puedas hacer ejercicio todos los días, pero trata de incorporarlo en tu rutina diaria. Nunca es tarde y te da una satisfacción maravillosa.

Entrenamiento del sueño y múltiples tareas

De acuerdo con los libros de bebé, para el sexto mes (muchos dicen que para el cuarto mes pero ¡no sé de dónde vienen esos bebés!), tu hijo debe dormir toda la noche. Si tú estás lista o forzada por tu esposo a empezar el entrenamiento de sueño, puedes hacer tareas múltiples mientras que entrenas a tu bebé. Yo lo sé, te va a romper el corazón, pero puedes quemar algunas calorías mientras que lo estás haciendo. Si estás cargando a tu bebé, para ayudarlo a relajarse y dormirse pronto, puedes hacer algunas sentadillas. Si es muy difícil para ti o no tienes el equilibrio, trata de moverte de lado a lado con las rodillas un poco dobladas. Esto trabajará la cara interna de los muslos. O simplemente párate derecha y mueve una de tus piernas para atrás, esto trabajará tu parte inferior del cuerpo.

Una vez que lo pongas en la cuna, puedes hacer sentadillas o extensiones de pierna. Si estás dejando su habitación y entrando cada veinte minutos, pon una colchoneta afuera de su habitación y haz 20 repeticiones de diferentes ejercicios de abdominales y 40 a 60 segundos de planchas de frente y luego de lado a lado. El tiempo pasará más rápido.

Si estás leyendo esto y pensando "¡Dame un bendito respiro! No voy a hacer ejercicio mientras estoy tratando de que mi bebé que está llorando se duerma", OK, ¿qué tal un masaje en los pies o manos (¡las tuyas!) mientras que tu bebé está en la cuna y tú estás al lado de él? Puedes usar su loción o crema de pañal: puedes probar Aquaphor, AD, o Honest Company Healing Balm. Estás tres tienes grandes propiedades humectantes. En tu país puede haber otras marcas de este tipo de cremas.

Mes 7-10

Es muy importante comer un buen desayuno, y recuerda, pequeñas y frecuentes comidas son ideales para mantener la energía en un buen nivel. Ahora que estás más ajustada a tu vida de mamá, sé más consciente del tamaño de tus comidas y ajústalas apropiadamente.

Lo siguiente es una manera de calcular tus porciones de comida con solo verlas:

Menú

* Proteína: tamaño de la palma de tu mano, sin contar los dedos.
* Carbohidratos con almidón (arroz, pasta o papas) el tamaño de tu puño.
* Granos integrales: el tamaño de dos puños.
* Frutas y vegetales: tamaño de dos palmas la mano
* Grasas saludables: el equivalente a dos dedos pulgares de aceite de oliva, mantequilla de cacahuate o de almendra.

Esto funciona para una ensalada pero también para saltear o para la cena básica de pollo a la parrilla con verduras asadas y arroz integral. En el caso de las ensaladas, es importante no excederse en el aderezo. Siempre pídelo a un lado. A mí me gusta mucho usar solo aceite de oliva y vinagre (especialmente cuando estoy fuera) así puedo controlar la cantidad de calorías que estoy agregando. Jugo de limón fresco con aceite de oliva y hierbas y un poco de mostaza y estevia es una idea versátil para ensaladas o verduras asadas o al vapor. A partir de este mes, trata de no comer fruta como bocadillo. O solo come fruta en la mañana.

Haz de tu plato un arco iris

Les comparto un tip que aprendí: Haz de tu plato un arco iris. Recuerdo una vez que fui al pediatra y le pregunté cómo me aseguraba de que mi hijo estaba comiendo todos los nutrientes y vitaminas necesarias, y el doctor dijo "Asegúrate que coma una variedad de frutas y vegetales de todos los colores". Esto es algo que definitivamente podemos aplicar a nosotras mismas. Es muy obvio pero todavía lo olvidamos, entre más color tenga tu plato, más amplio es el rango de nutrientes.

No hagas dieta, tú estás creando un estilo de vida. Presta atención a los bocadillos.

¿Siempre estás comiendo aperitivos dulces? Asegúrate de que siempre estés comiendo algo nutritivo y llenador, y por supuesto, fácil de hacer. También estás empezando a cocinar para tu bebé (ojalá que sea algo saludable y orgánico cuando puedas), así que simplemente cocina porciones más grandes y come sus purés como bocadillo. Bebe mucha agua y té verde. Si te gustan los dulces, come un solo dulce al día. No te preocupes y no te rindas; requiere tiempo. Nuestro cuerpo necesita tiempo para cambiar y reaccionar y puede ser más lento para algunas personas y más rápido para otras.

El lado flaco de ser demasiado delgada

Estar muy delgada probablemente no suena como un problema, pero puede serlo para algunas personas. Me pasó a mí. Como mencioné anteriormente, mi bebé empezó a gatear un poco antes y me llevaba mucho tiempo prepararle la comida. La casa se estaba poniendo más desordenada. Pasaba todo el día cocinando, manejando, amamantando, llevando a mi hijo a clases, caminando con la carriola, y organizando el nuevo desorden de la casa ocasionado por mi hijo. Yo estaba tan ocupada que mis hábitos alimenticios empezaron a sufrir. Pesaba dos kilos por debajo de lo normal, pero cuando ya estás delgada, dos kilos menos parecen 8. Mis papás y mis amigas expresaron su preocupación y me dijeron que estaba muy delgada. Pero después de trabajar muy duro para perder esos kilos extra, lo tomé graciosamente como un cumplido. Hasta que un día en el gimnasio decidí ir a la clase de baile, yo me considero una bailarina decente. Estaba en la primera fila, y comencé a seguir la rutina de baile. Yo llevaba mayas y una blusa pegada y era la primera vez en los últimos meses que me miraba en un gran espejo por más de 30 segundos. Y ahí fue cuando me di cuenta, "¡Oh! Estoy muy delgada, muy pálida, mi piel está seca e insulsa". La rutina de baile era supuestamente sexy y yo no me sentía sexy en lo absoluto, ni siquiera femenina. Al siguiente día, llame ¿a quién más? A mi hermana.

Yo: "Fui a una clase de baile ayer y me acabo de dar cuenta que estoy demasiado delgada".
Hermana: "Sí, sí lo estás. Ya te dije. Ni siquiera tienes ya trasero".
Yo: "No me sentí bien en la clase. Luzco terrible. ¿Qué voy a hacer?
Hermana: (Después de una larga pausa) "¡COMER!"

Como siempre, ella tenía razón, no estaba yo poniendo suficiente atención a mi comida. Estaba saltándome el almuerzo y estaba tan cansada en la noche que comía cualquier cosa que fuera fácil de hacer, como 3 tazas de cereal de quinoa con leche de almendra. Tuve que hacer un esfuerzo consciente de comer más, y al mismo tiempo, que fuera saludable.

Si este es tu problema, haz que las calorías cuenten añadiendo grasas saludables a todas las comidas y comiendo más opciones densas en nutrientes. Las mantequillas de nueces son densas en nutrientes y una buena adición para incrementar las calorías.

Yo empecé a añadir más proteína a mi desayuno. Un huevo completo y una clara de huevo, mantequilla de maní o aguacate a mi licuado, barras de proteína y nueces como bocadillos y pasta integral con verduras en la noche. A menudo, tomar calorías es una manera más fácil de agregarlas a tu dieta. Las calorías que tomas no son tan llenadoras como las que comes. Así que te puedes tomar un licuado entre comidas y todavía tener hambre para tu comida principal. Una vez más, la meta es ser más consciente de lo que estás comiendo. A veces el apetito se desencadena si ingieres comidas más pequeñas. Cuando el cuerpo "ayuna", el hambre se va al borde del camino.

También me enfoque más en mis ejercicios de estiramiento y yoga suave que el cardio y las pesas. No gané peso extra de inmediato porque estaba todavía dando el pecho, pero tenía mucha más energía, me sentía más fuerte y mi piel lucía mejor.

Ejercicio

Para este punto, puede que no hayas alcanzado el peso que te pusiste de meta. En ese caso, continúa con el plan de los seis meses y asegúrate de incluir cardio y entrenamiento de resistencia (los dos son importantes) en tu rutina de ejercicio. Para cardio, no tiene que ser correr. ¿Qué tal una clase de spinning, una caminata rápida con la carriola o una clase de baile después de acostar a tu bebé en la cama? Yo sé, suena agotador, pero una vez que estés sudando y bailando, ¡estarás feliz de que lo hiciste! Como lo oí de alguien una vez, ¡nadie se arrepiente de hacer ejercicio, después de hacerlo!

Esta es una sesión de intervalos que puedes probar: 30 segundos de ejercicio (cualquier ejercicio que te saque de tu zona de control: correr, saltar o caminar rápido) seguido de 10 segundos de descanso. Has esto ocho veces, luego descansa por 60 segundos y repite hasta ocho veces. Con intervalos, no solo quemas calorías por la sesión sino que continúas quemando calorías por horas después, además de que incrementas tu capacidad aeróbica. Solo realiza este tipo de ejercicio dos veces a la semana en días no consecutivos. No te olvides de tu trabajo de resistencia, este tipo de ejercicio es un poco más beneficioso para perder peso que solo el cardio. Recuerda, entre más músculo tengas, más grasa quemas. Más sobre esto en el mes 11-12.

Si vives en Estados Unidos te recomiendo el programa Stroller Strides. Si puedes permitirte el lujo de la membresía, puedes ir todos los días. Ahora que tu bebé es más grande (7-12 meses) él empezará a divertirse también en las clases. Además, tú tendrás la oportunidad de hacer amigas. Hay más sobre este tema en el Capítulo 4 "Como hacer amigas".

Mes 11-12

La rutina de tu bebé se está volviendo más predecible y él está haciendo siesta por periodos de tiempo más largos. (¡Gracias a Dios!). Tú has dominado el arte de cocinar para tu bebé, te sientes más fuerte y estás durmiendo 7 horas seguidas (¡eso espero!). Has alcanzado la meta en tu peso (¡o casi estás ahí!), y ya no te sientes rara en tus clases de mamá y bebé, y ya has hecho unas cuantas amigas mamás.

Alimentación saludable

Qué comer después del entrenamiento

Finalmente encontraste el tiempo para ir al gimnasio o para hacer ejercicio en casa y después de que terminas, vuelves inmediatamente a tus oficios de mamá. Este es un error muy común. Debes encontrar el tiempo para comer entre 15 y 45 minutos después de tu rutina de ejercicio. De acuerdo al *Journal of the International Society of Sports Medicine* (Revista de la Sociedad Internacional de Medicina Deportiva) tu cuerpo automáticamente usará esas calorías para reparación y recuperación. Consumir proteína y carbohidratos es mucho mejor inmediatamente después de hacer ejercicio, ayuda a prevenir un bajón en energía más tarde durante el día y controla el apetito.

Expertos recomiendan una comida líquida que contenga proteína y carbohidratos, estas bebidas no requieren mucha digestión; por lo tanto, los nutrientes entran rápidamente en tu sistema, permitiendo que tu cuerpo comience el proceso de recuperación.

Un buen ejemplo es una malteada de proteína con la mitad de un banano (o sin él para hacerlo menos complicado) una o dos cucharadas de proteína o suero de leche en polvo, y leche de almendra, agua de coco o agua. Es perfecto, para nosotras ¡mamás que andamos a la carrera!

Mantente atenta

Pon atención muy especial a tus sensaciones de hambre y saciedad, a lo que tu cuerpo necesita. Esto significa comer cuidadosamente. Puede ser difícil como mamá mientras que estás equilibrando las necesidades de tu familia, pero trata de enfocarte en comer como una actividad singular (Yo sé, es difícil, inténtalo cuando puedas).

Ya que tu bebé está comiendo una variedad más amplia de comida, no caigas en el hábito de un "pedazo para ti, uno para mí", ni te acabes todos los manjares que deja tu hijo en el plato (como las costras sobrantes de un sándwich de queso a la parrilla) ¡las calorías se acumulan rápidamente! Come muchas blueberries, son muy buenas para tu piel. Mantén las barras de proteínas y almendras en tu carro, estas te ayudan a mantener los niveles de energía. Toma mucha agua y té verde.

Ejercicio

Te has estado divirtiendo en la clase de zumba con tus nuevas amigas mamás (por cierto, ¿sabías que la Zumba nació en Colombia? ¡De nada, mundo!) o al caminar en la caminadora mientras miras tu teléfono (¿en serio?) pero es momento de tomar esto en serio y agregar pesas a tu rutina de ejercicio. Si usas tu propio peso todo el tiempo, tu cuerpo se acostumbrará. Si no vas a un gimnasio simplemente usa un par de pesas, pesas para las piernas o bandas de resistencia. Cuando usas pesas construyes músculo más efectivamente que haciendo solamente cardio y promueves un estímulo en tu metabolismo que continúa mucho después de que el entrenamiento haya terminado. No temas ponerte musculosa. Tienes que comer mucho para aumentar de medida (¡mucha proteína!), así que mantén tu dieta magra.

Yo sé, estás muy ocupada planeando la fiesta del primer año para tu bebé, pero no pospongas tu rutina de ejercicio hasta que las cosas se pongan más fáciles, porque siento mucho decírtelo, pero eso no va a pasar. Voy a compartir contigo una rutina y algunos tips que puedes hacer ahora y en el futuro cercano. No dejes que esta rutina te intimide. Es solo una guía y la puedes hacer hasta en la casa en menos de 15 minutos. En un mundo perfecto, tú harías esta rutina 6 veces a la semana, pero si solo puedes hacerla tres veces, está bien. Haz lo que puedas y lo que disfrutes en el momento, recuerda que caminar con tu carriola cuenta. Yo tengo semanas o inclusive meses que solo tomo clases en el gimnasio y me obligo a quedarme allí durante una hora. En otros momentos, prefiero hacer mi propia rutina en el gimnasio o en la casa mientras que veo televisión en la noche o hago más cosas al aire libre, lo más importante es mezclar tu rutina y mantenerte en movimiento. Es bueno para tu cuerpo ¡y para tu cerebro! En el libro, *Healthy Brain, Happy Life* (Cerebro sano, vida feliz), la doctora Wendy Suzuki, una neurocientífica de New York University, descubrió que el ejercicio recarga tu cerebro. Cuando haces ejercicio, tu cerebro funciona mejor. Básicamente, ¡puedes hacerte más inteligente! Y cuando te sientas más fuerte, ya sea en un mes, seis meses, un año, ve por pesas más pesadas, más repeticiones, caminatas más largas o descansos más cortos. Esto es lo que realmente ayudará a transformar tu cuerpo.

Ejemplo de rutina:
Día 1: Entrenamiento de fuerza + abdominales
Día 2: Cardio
Día 3: Entrenamiento de fuerza + abdominales
Día 4: Cardio o descanso
Día 5: Entrenamiento de fuerza + abdominales
Día 6: Flexibilidad
Día 7: Descanso

* **Entrenamiento de fuerza:** Pesas y/o bandas de resistencia en casa, máquinas de pesas y pesas en el gimnasio o usa el propio peso de tu cuerpo, sentadillas, tijeras (agrega pesas cuando te sientas más fuerte) lagartijas, y planchas en casa. Una clase de barre o una clase de yoga intensa. Si estás haciendo de a dos a tres días de entrenamiento de resistencia, trata de alternar: un día brazos, un día piernas y otro, trasero. Siempre termina con una sesión de abdominales. Mis ejercicios favoritos son: Navajas de estabilidad con la bola, planchas, mover la plancha de lado a lado, y puente lateral.
* **Cardio:** Correr, nadar, (es el ejercicio perfecto porque usas cada músculo de tu cuerpo) spinning, saltar la cuerda (¡si fuiste buena cuanto tenías 8 años, probablemente todavía lo eres!) elíptica o caminadora en tu gimnasio. Clase de aeróbicos, clase de zumba o una caminata rápida cuando sales con tu bebé en la carriola.
* **Flexibilidad:** Yoga o pilates para principiantes o algunas poses de yoga o ejercicios de estiramiento en casa.

Conceptos básicos de una Madre en Forma

* Lactancia
* Usa una faja durante los primeros tres meses.
* No te saltes el desayuno.
* Haz ejercicio al menos 3 veces a la semana y camina con tu carriola una vez al día al menos por 30 minutos.
* Empieza tu día con una taza de agua tibia con limón, de 3 a 4 tazas al día de té verde (sin cafeína) y mucha agua durante el día.
* Comer proteína magra para el almuerzo y la cena con muchos vegetales, fruta en la mañana, evita comida

procesada, come bocadillos con prudencia y vigila tus porciones.

* Si necesitas dulce en tu vida, escoge chocolate oscuro y no más de uno al día.

* Come trigo integral (pero no comas en exceso, pensando que porque es trigo integral puedes comer todo lo que quieras) Busca comida hecha cien por ciento con granos integrales y busca variedad.

* Y finalmente, recuerda no es una dieta o un campo de entrenamiento, es un estilo de vida y trabajar en ti misma es lo mejor que puedes hacer no solo por ti sino también por tu familia.

Parte Tres
Belleza y estilo

Algunas mujeres embarazadas se concentran tanto en el crecimiento de su barriguita que olvidan apreciar el pelo grueso y brillante, las uñas fuertes (fue la primera vez que tuve uñas largas), la piel radiante, los labios rellenos, y ese hermoso resplandor natural. Un par de meses después de que nazca tu bebé, tu pelo estará quebradizo y se caerá, tus ojeras serán más profundas, y puede haber algunas pequeñas manchas oscuras en tu piel (ya sabes, las que intentas ver de cerca en el espejo para saber qué demonios es). Tus uñas estarán frágiles, y mientras tus senos están más grandes, ¡también lo estarán tus pies! (Lo cual no es bueno para tu preciosa colección de zapatos.) Revisas tu armario y todo lo que tienes es ropa de maternidad (¡de la que estás harta!) o ropa de trabajo. (¿Realmente necesitaba tantos pantalones negros aburridos?) Si asentiste con la cabeza al menos dos veces mientras leías esto, entonces este capítulo es para ti. En esta sección, te ayudaré a verte lo mejor posible después de que nazca tu bebé.

Cuidados de la piel en 1, 2, 3... 6

Yo crecí viendo a mi mamá con una mascarilla de tomate en la cara y aceite de oliva en el pelo todos los domingos. Cuando me mudé a Londres, la primera carta que recibí de ella (sí, una carta, no un correo electrónico. ¡Cuántos años tengo! En mi defensa, el email ya existía, pero mi mamá no lo había descifrado todavía) decía: por favor asegúrate de hidratar tu piel todos los días y de tener un tratamiento casero para tu pelo una vez a la semana. Este capítulo es sobre lo que he aprendido en los últimos 15 años. Aquí hay muchas ideas probadas y comprobadas.

A pesar de que tu piel estará radiante de felicidad después de tener un bebé, estarás exhausta y comenzará a notarse. No te preocupes por el primer mes. Solo asegúrate de lavarte la cara y de ponerte crema hidratante o crema de ojos aquí y allá, cuando tengas tiempo. Después del segundo mes (¡o del tercero!), debes empezar a prestar atención a tu piel. Durante muchos años pensé que era suficiente limpiar e hidratar mi piel. A medida que tengo más años, mi rutina se ha hecho más larga, pero no más complicada.

Los productos coreanos están conquistando la industria de la belleza; incluso Sephora tiene una categoría en su sitio web llamada belleza coreana. De acuerdo con Charlotte Cho en su libro *The Little Book of Skin Care* (El pequeño libro del cuidado de la piel), la belleza coreana está muy centrada en la limpieza de la piel. También me gusta el enfoque francés, que se basa en ingredientes naturales y es muy similar al enfoque colombiano. También me gusta la recomendación de exfoliar la piel más de una vez a la semana como clave para tener un buen cutis. No sigo ningún régimen en particular. He adaptado todo lo que he leído y aprendido a lo largo de los años a mi propia rutina de cuidado de la piel.

Después de que te levantes y alimentes y cambies al bebé, tómate tres minutos para tu rutina de cuidado de la piel. Los productos adecuados son tan importantes como la disciplina. Si un día estás muy cansada y duermes con el maquillaje puesto o no tienes tiempo para hacer un paso de la rutina, está bien. Pero trata de ser tan consistente como puedas y verás cambios asombrosos en tu piel. Además, como madres ocupadas, es posible que no tengamos tiempo de aplicar mucho maquillaje. Para lucir decente con un mínimo de maquillaje, debemos tener la piel radiante. Es difícil para las madres ocupadas y privadas de sueño, pero trata de hacer un esfuerzo con tu rutina de cuidado de la piel.

No hay una solución fácil; tienes que trabajar en ello diariamente.

Los siguientes pasos y el capítulo en general del cuidado de la piel fueron revisados por el Dr. Mitchel P. Goldman. Él es un cirujano plástico y dermatólogo doblemente certificado de renombre mundial, reconocido por el Consejo Americano de Dermatología y el Consejo Americano de Cirugía Cosmética (American Board of Dermatology y la American Board of Cosmetic Surgery). Dr. Goldman es conocido por ser pionero en la investigación de múltiples técnicas láser, rejuvenecimiento de la piel, lipoescultura, y la terapia de venas.

Mañana
1. Limpiar

La limpieza es el paso más importante en la rutina coreana de cuidado de la piel. Si tu piel no está limpia, entonces los otros productos no funcionarán, ya que no pueden ser absorbidos. El maquillaje, la contaminación y el exceso de grasa se asientan en la superficie de la piel y en los poros, lo que causa acné y puede contribuir a la formación de líneas, arrugas y pigmentación dispareja.

2. Tonificante

El libro *French Beauty Solution* (Soluciones de belleza francesas) recomienda tonificar la piel. Según este libro, muchas mujeres estadounidenses piensan que los tonificadores son astringentes por naturaleza y están destinados solo para las personas con piel grasa, pero en realidad, perfeccionan el paso de limpieza, eliminando los residuos de jabón, añadiendo humedad a la piel y preparándola para el siguiente paso al normalizar el pH. Prueba un spray tonificante hidratante sin alcohol. Te sorprenderás de la cantidad de maquillaje o suciedad que queda en tu piel cuando piensas que ya has quitado todo con el limpiador. Trato de hacerlo todos los días. Si tengo prisa por la mañana, este es el paso que me salto, pero cuando lo hago, me gusta cómo se siente mi piel después.

3. Suero

Como este producto es más ligero y delgado, penetra más profunda y rápidamente en la piel. Solo necesitarás unas cuantas gotas. Si tienes manchas oscuras después del embarazo, cicatrices de acné o pecas como las mías, la recomendación habitual es usar sueros con vitamina C, pero a veces pueden ser muy irritantes. Busca un suero con una buena mezcla de antioxidantes o ácido hialurónico. (Más sobre este ingrediente más adelante.) Además, los sueros pueden hacer que tu protector solar sea más efectivo. La marca Skinceuticals tiene los mejores sueros con una variedad de antioxidantes que no son tan irritantes como la vitamina C.

4. Hidratante

Una crema hidratante debe tener una buena mezcla de antioxidantes. Esos son vitaminas, minerales y enzimas que retardan o previenen el proceso de oxidación causado por los radicales libres (tinte de cuando una manzana pelada o un aguacate en rodajas se vuelve marrón; eso es oxidación). Cuando el daño de los radicales libres ocurre en la piel, vemos más manchas solares, pecas, tono desigual de la piel, líneas tenues, arrugas, e incluso cáncer de piel. Por eso es importante reponer constantemente el suministro de antioxidantes. Busca humectantes que tengan antioxidantes de alta calidad como licopeno, vitamina A, ácido ferúlico, té verde, resveratrol o alfa-lipoico. Entre más antioxidantes tenga el humectante, mejor, ya que trabajan juntos para obtener resultados óptimos.

5. Crema de ojos

Las noches sin dormir te van a afectar. Trata de hidratar el área de los ojos dos veces al día. También, aplica la crema en cualquier lugar que veas una línea, como las líneas de la sonrisa y el ceño fruncido. Las cremas con ácido hialurónico trabajan mejor para hidratar la piel.

6. Protector solar

La exposición al sol acelera el envejecimiento de la piel, y sin embargo, solo el 30 por ciento de las mujeres en Estados Unidos usan protector solar diariamente. Según un estudio de Harvard presentado en la conferencia anual de la Academia Americana de Dermatología en marzo de 2016, las mujeres que protegen su piel del sol se ven hasta 20 años más jóvenes. Más importante que beber agua o dormir bien es no exponerse al sol y usar protector solar cuando esto no es posible.

No confíes en el maquillaje para tu protección contra el sol. Trata de elegir un protector solar a base de minerales, ya que los protectores solares químicos pueden irritar la piel sensible. Los filtros solares minerales no interactúan con la piel, sino que se instalan encima de ella para bloquear los rayos UV. Asegúrate de siempre utilizar un amplio espectro con protección UVA y UVB. Utiliza la protección SPF todos los días, incluso en invierno. Los protectores solares funcionan mejor cuando se combinan con antioxidantes; por eso es una buena idea usar primero la crema hidratante y luego el bloqueador solar.

No olvides el cuello y el pecho

Incluye todos estos pasos para tu cuello ¡y para el pecho también! Tu cuello y pecho necesitan tanta atención, si no más, que tu cara, ya que la piel sobre esta área es delgada, tiene menos glándulas sebáceas y no tiene mucho colágeno. Puede ponerse fea muy rápido. El uso de bloqueador solar también es muy importante.

> **Consejo útil**
>
> Puede ser difícil completar los seis pasos cuando estás con tu bebé. Yo limpio y tonifico después de cambiar a mi hijo. Me gusta esperar un poco entre el suero y la crema hidratante para que la piel tenga tiempo de absorber los ingredientes. Aplico crema de ojos una vez que nos trasladamos a la cocina para hacer el desayuno, ya que guardo mi crema de ojos en el refrigerador. Si vamos a salir, me pongo el protector solar antes de dejar la casa. Una vez más, la constancia es la clave. Puedes saltarte cualquier paso si tienes prisa o si el bebé no te deja hacerlo. Pero por favor, ¡nunca salgas de casa sin el protector solar!

Noche

1. **Retirar el maquillaje.** Cuando uso maquillaje, lo limpio con toallitas y luego con desmaquillador de ojos. De lo contrario, me salto este paso.

2. **Exfoliar.** Trato de hacerlo dos veces por semana con el cepillo de limpieza facial Clarisonic. La clave para exfoliar es hacerlo con el producto adecuado y no con un exfoliante estándar. Y sí, debemos exfoliar y luego limpiar la piel. Como explica el Dr. Lancer en su libro, *Younger: The Breakthrough Anti-Aging Method for Radiant Skin* (Más joven: El innovador método antienvejecimiento para la piel radiante), "Digamos que quieres reemplazar un piso de baldosa. Si su epidermis es el suelo, entonces la exfoliación es el suave proceso de levantamiento que rompe los viejos mosaicos desgastados. Luego tienes que recoger y barrer los escombros, es el paso de limpieza en el método Lancer que elimina el exfoliante, el exceso de grasa y la suciedad". El daño diario, el daño de la edad y el daño solar necesitan ser exfoliados antes de que se limpie el rostro.

3. **Limpiar.** Usa un jabón suave y un cepillo Clarisonic.

4. **Aplicar suero.** Me gustan los que incluyen ácido hialurónico, que ayuda con la apariencia a una piel envejecida.

5. **Aplica retinol.** (Si no estás amamantando).

6. **Hidratar.** (Por la noche, igual que por la mañana).

7. **Aplicar crema de ojos.** Prefiero algo más denso por la noche.

Consejo útil

Habrá noches en las que estarás tan cansada que no querrás ni siquiera cepillarte los dientes, y mucho menos seguir todos estos pasos nocturnos de cuidado de la piel. Si es así, por lo menos lávate la cara con un jabón líquido usando tus dedos y luego aplícate un humectante (el más denso que tengas) en toda la cara, incluyendo el área de los ojos.

Personalmente, me gustan esas mascarillas que puedes dejar toda la noche: el Tratamiento Hidratante Glamglow Thirstymud y la Mascarilla Hidratante Ultra Facial de Kiehls; ambas proporcionan una hidratación instantánea y extrema, y puedes dejarlas puestas toda la noche. Están disponibles en Sephora; pide una muestra para probarla primero y utilízala en esas noches en que no das para más.

Los retinoides son imprescindibles
(a menos que estés amamantando)

Existen dos tipos de retinoides, Retin-A y retinol. Retin-A es un medicamento recetado y el retinol es la versión más suave, que está disponible sin receta médica. Si alguna vez has oído hablar de la tretinoína, este es el nombre genérico de Retin-A. El retinol no es tan potente como el Retin-A, pero puede tener efectos contra el envejecimiento similares. Si te estás aplicando cualquiera de estos productos, no olvides aplicar protector solar durante el día, ya que hacen que la piel sea más sensible al sol.

Retinol

El retinol es una forma pura de vitamina A, que tu piel utiliza naturalmente en su ciclo de regeneración y reparación, convirtiéndolo en el ingrediente antienvejecimiento más recomendado por los dermatólogos. Los beneficios del retinol incluyen una reducción visible en la aparición de arrugas y mejoras dramáticas en la textura, tono y luminosidad de la piel. Incluso es bueno para el acné. No pienses que tienes que tener 50 años para empezar a usar retinol; es genial para personas de cualquier edad y los resultados son acumulativos: cuanto más tiempo lo uses, mejor se verá tu piel. Ten en cuenta que no se recomienda para las mujeres que están embarazadas o amamantando. Si eres nueva en el uso de retinol, comienza poco a poco, solo dos veces por semana y luego aumenta a días alternos. Tu piel se verá un poco irritada y se pelará ligeramente al principio, pero esto demuestra que el producto está funcionando. Volver a usar retinol fue lo que más esperaba cuando dejé de amamantar.

Retin-A

Retin-A es la única crema científicamente probada para reafirmar la piel y reducir las líneas de expresión. Suele ser más cara, y solo está disponible con receta médica en los Estados Unidos y es para pieles más maduras. Estarás bien con retinol.

Ten en cuenta que hay una variedad de concentraciones tanto de retinol como de Retin-A a partir de 0.025, 0.05 y 0.1 (el más fuerte). Un buen porcentaje para empezar es 0.025. Siempre consulta con tu dermatólogo. Estas cremas pueden ser muy irritantes y deben usarse bajo la supervisión de un médico.

Ácido hialurónico

El ácido hialurónico está presente de forma natural en el cuerpo humano y es una estrella del cuidado de la piel. Hidrata, rellena y rejuvenece la piel. Penetra y protege la piel para una hidratación continua e inalterable gracias a su variado peso molecular. Cada mujer debe agregar esto a su rutina de cuidado de la piel. Este ingrediente se encuentra principalmente en sueros y humectantes.

Si tienes piel sensible... ¡ve con calma!

Si tu piel es sensible, es mejor que no sigas todos estos pasos. Consulta con tu dermatólogo para saber cuáles son los mejores productos para ti. Es posible que necesites productos recetados. Lo mejor que puedes hacer es usar productos con el menor número de ingredientes posible. Evita lavarte la cara con agua caliente y ducharte o bañarte excesivamente (el vapor del baño es malo para la cara; date una ducha con la puerta abierta y con agua tibia). También debes evitar los exfoliantes fuertes y los tratamientos caseros. Utiliza únicamente limpiadores sin jabón o aceites de limpieza calmantes y cremosos, y aplica el producto hidratante cuando la piel esté húmeda para permitir que los ingredientes penetren en la capa más profunda de la piel. Para los productos contra el envejecimiento de la piel sensible, es mejor no usar retinol. Busca cremas con péptidos o ácido hialurónico (de nuevo, consulta con tu médico) y siempre busca protector solar mineral. Te daré algunas recomendaciones de productos en la siguiente sección.

Mascarillas faciales

Una vez a la semana o cada dos semanas, hago una mascarilla casera o una mascarilla de papel. Las máscaras de tela o de papel han sido durante mucho tiempo un pilar en el cuidado de la piel asiática. No son caras, son muy efectivas y se dirigen a condiciones específicas de la piel. Sirven para hidratar, aclarar y refrescar la piel, y son una estupenda manera de consentirse a uno misma.

La *Esencia* de la belleza

Si eres una adicta a la belleza, probablemente has oído hablar de las esencias. Una esencia no es un suero ni un tónico, es un líquido ligero e hidratante, diseñado para ayudar a preparar la piel para un humectante. Es el corazón de la rutina de cuidado de la piel coreana. Para las mujeres coreanas, este es el paso más importante y tienen una piel increíble. Ayuda a hidratar la piel y a aumentar la renovación celular.

Debe aplicarse después del tonificador y antes del suero. Puedes darte palmaditas o presionar con las manos en la cara, comenzando por la barbilla y moviéndote hacia arriba. Si tienes piel grasa o acné, es posible que este producto no sea para ti.

Yo lo uso cuando tengo tiempo, cuando mi piel se siente un poco seca o durante un largo vuelo. Mis favoritos son: AmorePacific, y la esencia de Kiehls. El más famoso es SK-II, sobre cuya efectividad jura Cate Blanchett (quien tiene la piel más asombrosa).

Melasma

Es muy común durante y después del embarazo tener melasma, conocido como la máscara de embarazo (¡qué bonito!). Aproximadamente la mitad de las mujeres experimentan esta alteración, que generalmente se manifiesta como manchas oscuras en la frente, las mejillas o el labio superior. Afecta a todos los tonos de piel, pero es más frecuente en mujeres de tez más oscura.

Melasma es algo que me interesa mucho porque lo tuve por encima de mi labio superior después de tener a mi bebé, y me hizo ver como la versión femenina de Cantinflas (¡por favor, no te rías!). Para ser honesta, no fue tan malo. Mis amigas más cercanas y mi hermana – muy sincera y despiadada – dijeron que no podían verlo (nunca me atreví a preguntarle a mi marido). Pero hice todo lo que pude para deshacerme de él, y lo vencí.

La primera regla para tratar el melasma es evitar la exposición de la cara al sol. El calor y el sol pueden empeorarlo e incluso las luces de la casa pueden agravar la situación. Usa protector solar todos los días, durante todo el año y al menos con un factor de protección solar de 30 con óxido de zinc y/o dióxido de titanio. Si estás planeando unas vacaciones o vas a pasar mucho tiempo al aire libre durante el verano, los dermatólogos recomiendan que evites el sol a menos que tengas un sombrero de ala grande y te apliques bloqueador solar cada dos horas. Evita la depilación con cera en las áreas del cuerpo afectadas, ya que puede causar inflamación de la piel.

Para tratarla, puedes usar hidroquinona para un aclarado profundo (si no estás amamantando). Aunque la hidroquinona está aprobada por la FDA como un aclarador de la piel en los Estados Unidos, ha sido prohibida en partes de Europa y en Asia. (El mayor riesgo del uso de hidroquinonas parece ser el hecho de que algunas formulaciones contienen trazas de mercurio; esas formulaciones se encontraron solo en México, África y el Medio Oriente). Si estás usando cualquier tipo de producto con hidroquinona, debes usar un protector solar diariamente y tratar de evitar el sol. Debes obtener una prescripción de tu médico y seguir sus recomendaciones en porcentaje (generalmente recomiendan 2 por ciento o 4 por ciento), duración de la aplicación (aplicar diariamente durante ocho semanas, tres meses o seis meses, o comenzar a usarla solo dos veces por semana) y frecuencia (día y noche o solo por la noche). ¡Haz lo que dice el doctor! Necesitas hacer tu propia investigación y consultar con tu médico si deseas usar este controversial ingrediente, que sin embargo es el efectivo para tratar el melasma. Verás los resultados en dos o tres meses.

Si no estás segura sobre la hidroquinona, la vitamina C y el regaliz son opciones naturales que disminuyen la producción de melanina, pero no funcionan tan bien como la hidroquinona. También puedes usar un tratamiento con ácido glicólico una o dos veces por semana (baja concentración, 10 por ciento o menos). Otra opción es SkinMedica Lytera 2.0 Pigment Correcting Serum, que se basa en una mezcla de extracto marino y niacinamida para aclarar manchas oscuras sin el uso de hidroquinona. Puedes utilizarlo si está amamantando, pero toma más tiempo en ver resultados que con la hidroquinona. Según mi propia investigación y una dermatóloga reconocida con sede en Houston, funciona mejor en la piel blanca. Si tu piel es sensible, el suero Caudalie Vinoperfect Radiance es una buena opción. Un nuevo producto libre de hidroquinona con resultados prometedores es Skinceuticals Discoloration Defense Serum. Siempre consulta con tu dermatólogo sobre estos productos para asegurarte de que son adecuados para ti. Para tratamientos caseros, lee el siguiente capítulo. Después del parto, o cuando una mujer deja de tomar anticonceptivos, el melasma puede desaparecer. Sin embargo, si no desaparece o si deseas seguir tomando píldoras anticonceptivas, puedes consultar a un dermatólogo para discutir los tratamientos adecuados para ti.

Más herramientas para tratar el melasma

* Heliocare: son cápsulas vegetarianas que ayudan a mantener la capacidad de la piel para protegerse de los daños causados por el sol. Son ideales para tomarlas todos los días, durante el verano o cuando te vas a un destino soleado. ¡Pero aún necesitas usar bloqueador solar!

* ColoreScience Sunforgettable Brush-on SPF 50 UVA/UVB es un protector solar de retoque que se parece a un cepillo portátil. Como necesitas aplicarte protector solar varias veces al día, puedes aplicarlo sobre tu maquillaje y también funciona como un polvo para retocarse durante el día. (Siempre guardo el mío en mi coche).

Hacer una cita con un dermatólogo

Yo sé que estamos muy ocupadas y lo último que queremos hacer es ir a una cita médica que no sea urgente. Tú pensarías que los problemas relacionados con la piel como el melasma, el acné, los parches rojos o las cicatrices de cirugía se curarán por sí solos, pero una cita con tu médico puede ahorrarte tiempo y preocupaciones. Te dará el tratamiento o producto adecuado. Nueve meses después de tener a mi bebé, tuve acné en la frente durante tres meses y me resistía a ir al médico. Seguía pensando, "la semana que viene estaré mejor…" hasta que finalmente hice el tiempo para ir. Mi dermatólogo me dio una prescripción para un producto y después de dos semanas, mi cara estaba limpia.

Recomendaciones de productos

Para cuando este libro salga a la venta, habrá nuevos productos en el mercado, pero la siguiente lista contiene una variedad de artículos que han funcionado muy bien para mí. Algunos son los que los dermatólogos me han recomendado a lo largo de los años, otros, los he encontrado en libros de cuidado de la piel y los he probado, o han sido parte de las recomendaciones durante varios años en revistas de belleza.

Durante el día:

Limpieza

* Neutrogena Naturals Purifying Facial Cleanser
* Caudalie Instant Foaming Cleanser Grapes & Sage
* Kiehl's Ultra Facial Cleanser (mi favorito)
* Kiehl's Midnight Recovery Botanical Cleansing Oil (si estás buscando un limpiador a base de aceite).

Tonificador

* Burt's Bees Rosewater Toner
* Fresh Rose Floral Toner
* Caudalie Moisturizing Toner Concentrate Vinolevure.

Suero

* Olay Regenerist Serum Regenerador
* Ole Henriksen Truth Serum
* SkinCeuticals Phloretin CF Gel (normal, seco o graso)

* SkinCeuticals CE Ferulic (normal, seco o sensible)
* Estos dos últimos de SkinCeuticals son caros pero muy recomendables y solo deben utilizarse por la mañana.

Hidratantes

* Simple Nourishing 24 Hour Day and Night Cream (ideal para pieles sensibles)
* Dermalogica Dynamic Skin Recovery
* Kiehl's Super Multi-Corrective Cream
* SkinMedica Replenish Hydrating Cream (esta tiene una excelente mezcla de antioxidantes).

Crema para ojos

* Olay Illuminating Eye Cream
* Origins Ginzing Refreshing Eye Cream (la mejor crema para las ojeras)
* Bioderma Sensibio Eye Contour Gel (para piel sensible)
* Kiehl's Powerful-Strength Line-Reducing Eye-Brightening Concentrate (debes usar otra crema para los ojos encima ya que este suero no es suficientemente humectante por sí solo. Cualquier crema debajo de los ojos está bien. Sé que suena un poco complicado, pero este suero para los ojos realmente funciona.)
* SkinCeutical AOX Eye Gel (esta para mí es la mejor crema de ojos, costosa, pero vale la pena).

Protector solar

* Neutrogena Sheer Zinc Face
* Mi favorito es Le Roche-Posay Anthelios 50 Mineral Tinted Ultra-Light Sunscreen Fluid. (Si tu piel es grasa, prueba Le Roche-Posay Anthelios 60 Dry Touch, que mantiene el

brillo a raya y el exceso de producción de grasa al mínimo. Me encanta la versión matizada. Su color va con cada tono de piel. Si no llevas maquillaje, esto te dará un toque sutil de color; simplemente aplica rubor después).

* SkinMedica Defense + Repair SPF 50+ (Es formidable si vives en una ciudad caliente y húmeda o si pasas demasiado tiempo al sol. Es el primer protector solar que bloquea la radiación infrarroja.)

Por la noche:
Desmaquillante

* Burt's Bees Facial Cleansing Towelettes with White Tea
* Garnier Skin Active Micellar (es una agua limpiadora que realmente elimina todo el maquillaje, incluido el rímel, y es ideal para pieles sensibles)
* Neutrogena Oil-Free Eye Makeup Remover, o aceite de almendras o aceite de jojoba.

Exfoliante

* Dermalogica Multivitamin Thermafoliant
* Philosophy The Microdelivery Exfoliating Wash
* Amorepacific Treatment Enzyme Peel Botanical Exfoliator (Me encanta este producto. Es un poco caro pero vale la pena. Es el tipo de exfoliante que se puede usar todos los días. Una botella te durará hasta un año.)

Hidratantes nocturnos

* Igual que las cremas hidratantes matutinas.

Retinol

- Neutrogena Rapid Wrinkle Repair Moisturizer (este producto es muy apreciado por los dermatólogos)
- Dermalogica Retinol Repair 1%
- SkinMedica Retinol Complex.25

Para los dos últimos, se recomienda una consulta con tu dermatólogo, ya que estas cremas pueden ser irritantes.

Mascarillas faciales

- Kiehl's Rare Earth Pore Cleansing Masque (piel grasa y poros grandes)
- Kiehl's Turmeric & Cranberry Seed Energizing Radiance Mask (mascarilla de luminosidad energizante para la plenitud y la textura desigual)
- REN Glycol Lactic Radiance Renewal Mask (tono de piel desigual, líneas de expresión y arrugas)
- Glam Glow Youthmud Tinglexfoliate Treatment (flacidez, líneas de expresión y poros dilatados).

Ácido Hialurónico

- Neutrogena Hydro Boost Hydrating Serum
- SkinCeuticals Hyaluronic Acid Intensifier

Máscaras de papel

- Garnier SkinActive Moisture Bomb
- Dr. Jart + Water Replenishment Cotton Sheet Mask

Tratamiento del acné

- Kate Somerville EradiKate (¡el único e inigualable!)

Ofertas de Sephora

Puedes encontrar la mayoría de estos productos en CVS, Target y Sephora. Recuerda que los descuentos de Sephora son en abril después de Pascua y justo antes del día de Acción de Gracias, por lo que son buenos momentos para abastecerse de los productos más caros.

¿Buscas que sea orgánico?

Si estás buscando una marca de cuidado de la piel orgánica, Juice Beauty es una buena opción. Solo usan ingredientes orgánicos certificados sin componentes potencialmente dañinos. Sus productos de maquillaje (pigmento vegetal) también son excelentes. En Estados Unidos puedes encontrar esta marca en Whole Foods y en Ulta. Mis productos favoritos son:

* Cleansing Milk Daily, Essentials Skincare
* Green Apple Age Defy Organic Serum, Brightening Skincare
* Stem Cellular Resurfacing Micro-Exfoliant, Anti-Wrinkle Moisturizer, Booster Serum and Eye Treatment, Anti-wrinkle Skincare

Facial exprés en tu hogar

Cuando tu bebé se acueste a su hora regular y esté durmiendo toda la noche (o un par de horas seguidas), date un gusto con este tratamiento facial:

* Desmaquillarse
* Exfoliar con el dispositivo Clarisonic.
* Hierve el agua en una olla con tapa en la estufa; agrega aceite de lavanda si lo deseas.
* Quita la olla de la estufa, ponla en un lugar seguro y de fácil acceso y remueve la tapa, pon una toalla sobre tu cabeza, inclínate sobre la olla, inhala y relájate por cinco minutos. No pongas la cara demasiado cerca del agua.

* Lávate la cara con jabón o limpiador para eliminar el sudor.
* Si tienes espinillas, trata de apretarlas muy suavemente con los dedos envueltos en papel. Si no consigues nada, no lo intentes de nuevo, solo déjalo. Lo sé, es difícil dejarlas en paz.
* Aplica una mascarilla, preferiblemente con ingredientes naturales, y déjala actuar durante quince minutos.
* Quítala con un paño húmedo y tibio.
* Aplica un buen humectante.
* Aplica crema para ojos.
* Sella los poros con agua en aerosol (agua de rosas si tienes).
* Date ligeros golpecitos con los dedos sobre la piel.

La herramienta de belleza que toda mamá debe tener

¡Un cepillo de Clarisonic! Si no tienes uno, y una forma de conseguirlo. Ahorra para uno o pídelo como regalo para tu cumpleaños o aniversario, para Navidad o para el Día Internacional de la Mujer (por cierto, es el 8 de marzo). Solo encuentra una excusa. Hay versiones más baratas, pero son demasiado duras y este te durará mucho tiempo. El cepillo de piel Clarisonic utiliza energía ultrasónica para limpiar tu piel, eliminando los contaminantes ambientales, así como la suciedad y la grasa de los poros. Le recomendé este dispositivo a una amiga mía (más retinol) y después de tres meses, pude notar la diferencia en su piel.

Tratamientos faciales

A veces, ir a un spa para un buen masaje o un facial puede ser justo lo que necesitamos. Me encanta ir a mi spa local para un facial dos o tres veces al año, por lo general uno antes de la primavera, otra alrededor de mi cumpleaños y otro antes de las fiestas de diciembre. Pregúntale a tu spa si hacen una versión más corta de su facial de firma. ¡Será más barato! Si tienes más de 30 años y dispones de buenos ingresos considera la posibilidad de empezar con algo más *extremo* para tu rostro. No estoy sugiriendo *fillers* o Botox. Consulta con tu dermatólogo o spa acerca de la terapia con láser (si tienen médicos o enfermeras certificadas), el tratamiento ultrasónico, la microdermoabrasión o los *peels* (no soy una gran fan de los peels, pero algunos expertos los recomiendan; consulta con tu dermatólogo). Esto te ayudará con las líneas finas de expresión y el daño causado por el sol y estimulará la producción de colágeno y elastina en tu piel.

Cuidado del cuerpo

Cuando vivía en Londres, compartía la primera casa en la que viví con un grupo de mujeres brasileñas *meninas* (que significa chicas en portugués). Yo era la única colombiana en la casa y la única que se duchaba por la mañana. Todas trabajábamos como meseras en hoteles de lujo y empezábamos a trabajar muy temprano por la mañana. Recuerdo haberlas visto tomar una ducha por la noche. Pensé que era tan raro que incluso se lo dije a mis amigas en Colombia. ¿Puedes creerlo? También se bañan por la noche. Me sentí mal porque era yo la única que se bañaba una sola vez al día. Luego me enteré de que solo se bañaban por la noche; al día siguiente solo se lavaban la cara, desayunaban y estaban listas para ir a trabajar. Después de tener a mi bebé, cuando tenía mañanas locas y noches tranquilas, empecé a ducharme por la noche. ¡Soy una menina! Ahora puedo ver los beneficios: voy a mi cama, mi santuario, completamente limpia, y no tengo que apresurarme o abrir la puerta del baño cada minuto para asegurarme de que mi bebé no esté llorando después de que lo haya acostado para tomar una siesta. Me ayuda a relajarme por la noche, y a menos que el bebé se despierte inesperadamente, puedo seguir mi rutina de belleza sin interrupciones. Me gusta bañarme con las luces apagadas y solo con mi pequeño espejo de maquillaje encendido. Me cepillo en seco la piel antes de entrar a la ducha. También preparo una taza muy caliente de té de hierbas y lo bebo cuando salgo, mientras aplico mis productos de belleza. Como he dicho muchas veces, la clave es la constancia. También entiendo que a veces estamos demasiado cansadas para seguir todo el régimen o incluso para darnos una ducha. Y sí, ¡esto me ha pasado muchas veces!

A continuación, estos son los productos que aplico por la noche:

Piernas, brazos y estómago. Aceite de jojoba, almendra o aguacate (Whole Foods tiene una buena selección). También me gusta The Honest Company Organic Body Oil.

Muslos y glúteos. Aceite Celulítico de Abedul Weleda. Realmente funcionó para mí y el olor es muy fresco. Gracias a sus ingredientes naturales, puede usarse durante el embarazo o la lactancia. Si no estás amamantando, Finulite (en Amazon) es ideal para la celulitis. Viene con una crema para el día y otra para la noche. He probado todas las cremas para la celulitis y esta siempre funciona.

Senos. Aceite Orgánico de Onagra. Según el libro, *Bio Young* de Roxy Dillon, quien ha practicado la terapia nutricional, ortomolecular y herbolaria desde 1979, "aumenta el tamaño de los senos al aumentar la grasa y el tejido glandular en esta área y, por lo tanto, permite que rebote y se levante". Como una ex protuberante talla 34B que amamantó durante un año, realmente quiero creer esto, pero no he visto cambios "más grandes". Al menos estoy hidratando esta zona (muy triste consuelo). La miel también se supone que resulta en pechos más llenos y más gruesos. Simplemente aplícala cuando te estés duchando y déjala por unos minutos.

Esta rutina puede sonar como si fuera una eternidad, pero en realidad me toma menos de diez minutos (incluyendo mi rutina de cuidado de la piel). Es probablemente menos tiempo que el que una persona promedio pasa en las redes sociales cada noche.

El secreto de las manos suaves

Mis uñas son muy frágiles y cortas y mis cutículas siempre están secas. Solía comprar cremas de manos caras, pensando que los mejores ingredientes me ayudarían. Un día decidí ponerme la crema Aquaphor de mi bebé en las manos y las uñas justo antes de acostarme y amanecí con unas manos suaves y humectadas. Contiene vitamina D, que es sanadora, especialmente para la piel de invierno. ¡También funciona muy bien en los pies! Ponte un par de calcetines de algodón después de aplicar la crema para retener la humedad.

También me gusta The Honest Company Healing Balm, pero cualquier crema que estés usando para tu bebé sería buena para tus manos y tus pies.

Aunque esta no sea tu mayor preocupación en este momento, recuerda que las manos muestran la edad más que cualquier otra parte del cuerpo. Las manos sufren mucho abuso y la mayoría de las mujeres las descuidan cuando realizan sus rutinas de belleza. Trata de hidratarlas cada vez que te laves las manos, o al menos antes de acostarte. Cuando estés conduciendo, aplícate bloqueador solar en las manos antes de tomar el volante. Siempre tengo un protector solar en barra en la consola central; en crema sería complicado.

Estrías, ¿pueden evitarse?

Si está embarazada y estás leyendo este libro. La mejor manera de evitar las estrías durante el embarazo es *nadar* en aceite dos veces al día. Funciona mejor que la loción o crema corporal y no tienes que gastar mucho dinero. Yo utilicé tanto marcas caras como marcas de farmacia, y no me salieron estrías. Ya tenía algunas estrías en los costados después de la adolescencia, así que me preocupaba que me salieran durante el embarazo, pero esto creo que las mantuvo alejadas. Prefiero ir por algo sin fragancia y natural con ingredientes orgánicos cuando sea posible. Aplícalo en el vientre, así como en las caderas, los senos, los brazos y la cintura. Incluso puedes tener estrías en la parte posterior de las rodillas. Mejor dicho, aplícalo en todas partes. Por eso digo *nadar* en aceite. Estos son los productos que recomiendo:

* Palmer's Cocoa Butter Formula with Vitamin E Skin Therapy Oil
* Bio Oil
* Earth Mama Angel Baby Natural Stretch Oil
* Mama Mio The Tummy Rub Oil
* Elemis Japanese Camellia Oil Blend

Demasiado tarde, ya las tengo

Vale, respira. Desafortunadamente, no hay mucho que puedas hacer. Si todavía están rojas pueden tratarse con láser, pero es muy costoso – alrededor de 2000 dólares en los Estados Unidos por tres sesiones – y no las hará desaparecer por completo.

He probado varias cremas para tratar mis viejas estrías y mi favorita es Body Merry Stretch Marks and Scars. (Disponible en Amazon, ¿en qué otro lugar?) Sus ingredientes orgánicos, aceites vegetales y vitaminas son realmente eficaces. Las estrías no desaparecerán, pero se notarán menos. Póntela dos veces al día. La aplicación de cualquier retinol sobrante que esté en tus manos cuando te lo pongas en la cara por la noche también puede ayudar. Recuerda no usar retinol si estás dando pecho.

¿Qué hay de la celulitis?

He estado obsesionada con la forma de curar la celulitis desde la primera vez que la vi en mis muslos cuando tenía 23 años y vivía de cenas congeladas y comidas preparadas altamente procesadas en Londres. Me he deshecho de ella varias veces, e incluso estaba libre de celulitis después de tener a mi bebé. Pero si te dejas llevar un poco, especialmente después de los 30, pizza los fines de semana durante un mes entero, no ir al gimnasio en invierno, o incluso con un par de palitos de queso (OK, muchos), y ahí está de nuevo.

Podría escribir un libro entero sobre este tema, pero voy a ser muy directa. ¡Ahora tenemos mayores preocupaciones! Si realmente deseas deshacerte de la celulitis, los pasos que te indico a continuación te ayudarán, pero se necesita un gran esfuerzo para eliminarla. Y recuerda, un par de hoyuelos aquí y allá que son visibles solo cuando usas un traje de baño no es gran cosa. Todo el mundo está mirando a tu lindo bebé, ¡no tu celulitis!

1. Cepillado en seco por la mañana y por la noche. Si no sabes lo que es esto, es exactamente eso: cepillarte la piel seca con un cepillo seco. Se supone que debes comenzar en los pies con un movimiento circular y trabajar hacia arriba de tu cuerpo, incluso en las zonas donde no tienes celulitis, para estimular el flujo linfático y mejorar la desintoxicación. Pero solo hago esto en mis zonas con problemas de celulitis. ¡Sé delicada! Me gustan los cepillos para el cuerpo de The Body Shop.

2. Bebe agua con limón por la mañana. Añade una cucharada de vinagre de sidra de manzana, que es ideal para eliminar toxinas y retención de agua alrededor de los muslos. Incluso te ayuda a perder esas libras no deseadas. Comprar vinagre sin filtrar hecho de manzanas orgánicas maduras para asegurar que contiene las enzimas crudas y las útiles bacterias que son responsables de la mayoría de sus beneficios. Si quieres ser extravagante, añade pimienta de cayena, ya que puede ayudar a eliminar las toxinas y las células muertas de la piel, y reemplazarlas con células fuertes y sanas. Repite por la noche. ¿Tiene buen sabor? Por supuesto que no. Pero quieres deshacerte de la celulitis, ¿verdad?

3. Saca las carnes procesada de tu dieta. Lleva una dieta llena de verduras y hojas verdes y elimina los alimentos procesados, el alcohol y el azúcar. Lo sé… ¡es muy difícil!

4. Hacer sentadillas, tijeras y brincos hacia adelante y hacia atrás. Agrega pesas, o mejor aún, una pesa rusa. Las pesas rusas exigen el uso de múltiples grupos de músculos, quemando grasa y construyendo músculo más rápidamente, y cuando hay más músculo que grasa, es menos probable que ocurra la celulitis.

5. Bebe mucha agua. Tú debes beber la mitad de tu peso corporal en onzas por día. Si pesas 120 libras (54.43 kg), debes beber 60 onzas al día (1.77 litros).

6. Aplica crema anticelulítica por la mañana y por la noche.

7. Usar jabón de algas. Las algas estimulan la circulación, mejoran la textura de la piel y eliminan las toxinas del cuerpo. Recomiendo Seaweed Bath Co. Detox Cellulite Bar Soap (en Amazon y Target), que también contiene café Arábica, un ingrediente clave en la lucha contra la celulitis.

¡Buena suerte! Si te sientes cohibida a causa de tu celulitis, prueba Airbrush Legs de Sally Hansen. El maquillaje corporal cubre las imperfecciones, empareja el tono de tu piel y te da un sutil resplandor. Asegúrate de obtener el tono adecuado para tu piel, de lo contrario puede parecer muy falso.

Pierde el estrés, no el pelo

A diferencia de muchas mujeres, mi pelo no se cayó después del embarazo. La gente dice que esto sucederá después del quinto mes. Mi cumpleaños fue cinco meses después de que naciera mi bebé, y pensé que iba a celebrarlo calva o con un *mom bob*. Pero esto, gracias a Dios, ¡no sucedió! Lo atribuí a varios factores:

Solo me lavaba el pelo dos veces por semana. (No porque quisiera, ¡sino porque no tenía tiempo!).

Seguí tomando mis vitaminas prenatales.

Cada vez que me lavaba el pelo, utilizaba un tratamiento casero que me dejaba puesto por lo menos 30 minutos antes de lavarlo.

Casi no usé aparatos calientes, como la plancha o la plancha rizadora.

No me secaba el pelo después de bañarme. Lo dejaba secar al aire todo lo que pude y luego hice un ligero secado con secadora.

Tomé descansos del uso de mi secadora de pelo durante dos semanas a la vez, periódicamente.

Tenía un filtro en el cabezal de la ducha.

En lugar de liga, para atarme el pelo utilicé un *invisibobble hair tie* (de Amazon o Sephora), que no arruga el pelo cuando lo atas. También previene las puntas abiertas y no te arranca el pelo cuando te lo quitas.

Pérdida de pelo 911

Si sufres de pérdida de pelo, hay varios aceites esenciales que estimulan el cuero cabelludo para fomentar el crecimiento del pelo. El *Eucalyptus globulus* aumenta las ceramidas en el pelo para aumentar la hidratación y el brillo. Investigaciones recientes han demostrado que el romero puede estimular los folículos pilosos para que el pelo vuelva a crecer. Según Roxy Dillon en su libro *Bio Young*, el romero y el eucalipto son muy efectivos, individualmente o en conjunto, solo hay que frotarlos en el cuero cabelludo todas las noches y hay resultados visibles en solo tres semanas. (Si estás amamantando, es mejor no hacer este tratamiento). A cambio, aplica el aceite todos los días durante los primeros seis meses aproximadamente. Después de eso, puedes saltarte un día o dos, pero no pases más de tres días entre tratamientos. Si tu piel es sensible, podrías tener algunas irritaciones. (Me pasó a mí y me llevó un tiempo averiguar que era el aceite que me estaba poniendo en el pelo, ¡daaa!) Si esto te pasa, simplemente diluye los aceites en una base de aceite de oliva. Utiliza 50 gotas de romero y eucalipto en 100 ml de aceite de oliva. Si esto todavía causa un problema, trata de usar solo 30 gotas de cada uno de los aceites esenciales, o incluso 15 de cada uno. Haz esto antes de lavar con champú, dejando los aceites en el cuero cabelludo el mayor tiempo posible, pero por lo menos media hora. Si tu piel no puede tolerar los aceites o el olor es demasiado fuerte, puedes probar el agua de romero. (Instrucciones en la sección de tratamiento casero).

Comienza en la ducha

Alrededor de un año después de mudarme a los Estados Unidos, noté que mi pelo estaba muy seco y enredado. Probé los mejores champús y las mascarillas capilares más caras. Traté de cortar unos centímetros de mi pelo y de lavarlo con agua fría en lugar de caliente. Un día mi peluquero me preguntó si había cambiado el filtro de la ducha recientemente. ¿Se suponía que tenía que tener un filtro? ¡Yo no lo sabía! El agua del grifo contiene partículas de cloro, hierro y óxido de las tuberías de acero, lo que puede arruinar tu pelo. Elimina el flujo de los aceites naturales y lo seca, dejándolo con puntas quebradizas y abiertas. También puede afectar el color de tu pelo y dejarlo bronceado. Si sientes que acabo de describir tu pelo, te recomiendo Jonathan Product Beauty Shower Purification System (Amazon, por supuesto) y cambiar el filtro cada seis o nueve meses. Tu piel también se sentirá mejor.

Recomendaciones sobre champú, acondicionador y tratamiento

* Pantene Pro-V Champú y acondicionador renovador de la humedad diaria
* Garnier Shampoo y acondicionador Liso y Brillo, Nutrición Triple o Borrador de Daños
* Briogeo Rosarco Champú y acondicionador reparador
* Kerastase Reaction Bain Chromatique Riche Shampoo (para pelo teñido)
* Alterna Haircare Caviar Anti-Aging Replenishing Moisture Shampoo and Conditioner Alterna Haircare Caviar Anti-Aging Omega + Nourishing Hair Oil (para puntas secas; lo aplico después de lavarme el pelo)
* Alterna Bamboo Smooth Kendi Oil Aceite puro de tratamiento (para cuando mis puntas se sienten secas entre lavados)
* Alterna Haircare Caviar CC Crema para el pelo 10-in-1 (la uso como crema para peinar)
* Kérastase Resistance Serum therapiste (para pelo muy seco y dañado, ¡funciona!)

Champú seco

* Clean Freak Refreshing Dry Shampoo, Not Your Mother's (farmacia)
* Champú en seco Klorane con leche de avena

Pelo de bebé

No estoy hablando del precioso pelo de tu bebé, sino del molesto, pelo extremadamente rizado que comienza a crecer en la parte delantera de la línea de nacimiento del pelo el año después del nacimiento del bebé y que te hace querer usar una gorra de béisbol todos los días. En primer lugar, debes estar agradecida, ya que es un nuevo pelo que está creciendo. ¡La naturaleza es hermosa! Segundo, sigue la recomendación de mi hermana, quien, cuando me vio con mi "nuevo aspecto", lamió desesperadamente su mano y la pasó a través de mis rizos no tan sexys. Prueba un tratamiento de queratina solo en los *pelos de bebé*. Cualquier peluquería respetada debe hacer este tratamiento. Asegúrate de que no contenga formaldehído (este ingrediente puede ser cancerígeno). La terapia de alisado con complejo de queratina es una buena opción. El tratamiento no alisa el pelo, pero reduce el encrespamiento, los rizos y el pelo indisciplinado. Además, tu pelo se verá más arreglado y el peinado diario será más fácil y rápido. Dura de tres a cinco meses. Aunque los expertos dicen que esto no daña tu pelo, no te lo recomendaría más de dos veces al año y no a todo tu pelo a menos que sea muy rizado y prefieras un aspecto más manejable. Consulta con tu médico antes de realizar este tratamiento si estás amamantando.

Vuelve a tener el fabuloso color

Tienes rayitos después de un par de meses o incluso semanas (¡no es justo!), y tu pelo se vuelve de repente color amarillo encendido. Después del champú regular, aplica una crema antiamarillamiento, como L'Oréal Color Corrector Blondes y déjala actuar durante diez minutos. Es seguro para las madres que amamantan. También me gusta la Reflection Masque Chromatique de

Kérastase, que mezclo con Kérastase Reflection Touche Chromatique. Este es un lápiz corrector de color y está disponible en cuatro tonos (uso Rubio Frío). Pero tienes que usarlo con la máscara. O puedes usar también Masque Ultra-Violet Purple Hair Mask y para este no necesitas el lápiz corrector.

¡Vamos al bar!

Si tengo una fiesta a la que asistir o me reúno con amigas que no he visto en mucho tiempo, voy a un bar de secado, un salón que solo da un servicio de secado. Lavar y secar mi largo pelo toma mucho tiempo y es lo que menos me gusta de prepararme para salir. Aunque no tengas un buen maquillaje o un conjunto de moda, si te arreglas el pelo, te sentirás a toda potencia. Regístrate para descuentos de la semana o si tienen membresía o paquetes de puntos. Y sí, me llevo a mi bebé conmigo. Tengo un bar de secado en mi vecindario. Llevo a mi bebé a dar un paseo en cochecito 30 minutos antes de mi cita (que trato de hacer durante su siesta) para que mi bebé duerma mientras alguien me arregla el pelo (el secador de pelo es como una máquina de ruido blanco; ¡excelente!) Si tu bebé se despierta en medio de la cita, simplemente lo amamantas o le das un biberón. Problema resuelto.

El secreto de la eterna juventud

No soy gran fan de los grandes cambios de imagen. Una de las claves para lucir más joven con el paso de los años es mantener el mismo aspecto (el mismo largo y color del pelo). Incluso, las presentadoras de televisión usan el mismo color de lápiz labial a través de los años. No tienes que ir a este extremo, pero piensa en Jennifer Aniston, Sofía Vergara, Elle Macpherson, y Christie Brinkley. Se ven igual que hace diez o quince años porque han mantenido el mismo peinado. Si estás contenta con tu estilo, no lo cambies, solo vete un poquito más oscuro o más claro en el color y mantén la misma longitud de pelo. Personalmente, me gusta mantenerlo más claro y un poco más corto en el verano, ya que se pone muy seco, luego me hago menos iluminaciones en el invierno y lo tengo más largo, pero en general se ve igual.

Por último, recuerda que una piel y un pelo radiante provienen del interior, por lo que una dieta sana y equilibrada son muy importantes.

Tratamientos caseros

Ahora que estás pasando tanto tiempo en casa, deberías aprovechar para preparar algunos tratamientos caseros naturales. Tu piel puede lucir más tersa y reluciente y tu pelo más abundante y brillante con unos cuantos ingredientes.

Gracias a mi mamá, mi hermana y yo hemos tenido ingredientes de cocina en nuestro pelo desde que teníamos unos diez años. Solía tener tratamientos con manteca de cerdo: sí, leíste bien, grasa de cerdo en mi pelo todos los domingos por la mañana. Incluso he tenido petróleo y vinagre en mi pelo para tenerlo brillante. Cuando me fui a vivir a Londres dejé los ingredientes naturales (¿quién tiene tiempo para eso?) pero mi hermana y mi mamá continuaron con sus brebajes caseros. Puedo decirte que mi hermana tiene un pelo perfecto: largo, abundante y sano y mi madre parece diez años más joven de lo que es en realidad. (Nunca te diría cuántos años tiene mi mamá; he sido entrenada desde que tenía siete años para no revelar su edad). Desde que estoy pasando más tiempo en casa con mi bebé, he vuelto a un enfoque más natural de la belleza. A continuación, esto es lo que mi mamá, mi hermana y yo hemos intentado. ¡Funciona!

Para el rostro

Para la cara, empecemos con el ingrediente sagrado de tu cocina: ¡miel!

La miel es el mejor producto de belleza que puedes encontrar en tu cocina. Es un exfoliante suave y tiene propiedades antibacterianas que ayudan a reducir el acné. Trata la piel irritada y quemada por el sol y desvanece las cicatrices. Lo mejor de todo es que la miel revierte los efectos del envejecimiento. Contiene hormonas naturales que rellenan la piel y restauran la capa más profunda. Tu puedes usarla no solo en la cara, sino también en los brazos, senos, rodillas, codos y pelo. Siempre tengo un pomo de miel junto a mi baño. Usa miel orgánica cruda para asegurarte de que estás recibiendo todas las enzimas, antioxidantes y nutrientes que tu piel absorberá. También es buena internamente. Toma dos cucharadas al día. (¡A menos que seas diabética, por supuesto!)

Mascarilla suavizante

2 cucharadas de yogur griego de leche completa
1 cucharadita de miel cruda
1 cucharada de harina de avena orgánica (puedes moler la avena en un procesador de alimentos)

Mezclar bien los ingredientes. Aplicar sobre la piel limpia. Deja la mascarilla puesta durante quince minutos. La lactosa en el yogur ayudará a disolver las células muertas de la piel, la miel mantendrá la humedad cerca de la piel, y la avena añadirá una exfoliación profunda. ¡Esta mascarilla dejará tu piel suave y fresca!

Mascarilla contra el envejecimiento

Los tomates son ricos en vitaminas A y C, las cuales mejoran la producción de colágeno y elastina en la piel y dan un cutis radiante. También retrasan el proceso de envejecimiento de la piel. Es la mascarilla perfecta para la piel seca.

- 1 tomate mediano triturado con un tenedor
- 1 cucharadita de leche
- 1 cucharadita de miel
- 1 cucharada de harina de linaza o de harina de avena (agrégala para una exfoliación más profunda)

Mezcla todos los ingredientes hasta que quede un puré suave. Aplica la mascarilla en la cara y déjala reposar durante quince minutos. Enjuaga con agua tibia.

Mascarilla para piel grasa y propensa al acné

Después de la miel, las fresas son uno de los mejores ingredientes naturales para la piel. Están cargadas con vitamina C, ácido salicílico, que se utiliza en productos para tratar el acné, y alfa-hidroxiácidos, que ayudan a exfoliar la piel. El jugo de limón es un astringente natural, tiene propiedades antibacterianas y se puede utilizar para eliminar las cicatrices del acné.

- 2-3 cucharaditas de puré de fresas
- 1 cucharadita de jugo de limón
- 1 cucharadita de miel

Aplícalo sobre tu cara limpia durante diez a quince minutos, y luego enjuaga.

Exfoliante para labios

- 1 cucharada de aceite de coco (en estado sólido)
- 1 cucharada de miel
- 1 cucharadita de azúcar morena

Mezclar el aceite de coco con la miel hasta que esté libre de grumos, luego agregar el azúcar y mezclar bien. Agrega un par de gotas de aceite de jojoba si tienes. Espera unos diez minutos antes de utilizarlo por primera vez para dejar que el azúcar se disuelva un poco. Frota suavemente en los labios con movimientos circulares. Deja actuar durante un par de minutos y luego retíralo con un paño tibio. Consérvalo en la nevera hasta dos semanas.

Cáscara de banano

Según el cirujano plástico Dr. Anthony Youn, en su libro *The Age Fix* (El arreglo de la edad), la cáscara de banano funciona bien para tratar el acné leve. Simplemente frota el interior de la cáscara en las áreas donde tienes acné hasta que el interior se vuelva marrón. Deja que el residuo de banano se seque en tu cara y déjalo por 30 minutos. La cáscara de banano contiene ácidos grasos y antioxidantes que alivian la piel. ¡Lo he probado y funciona!

Huevos

Los huevos no solo son deliciosos, llenadores, saludables y fáciles de cocinar, sino que también son excelentes para los ojos. Cuando estés cocinando huevos, toma la parte blanca que queda en la cáscara y ponla alrededor de tus ojos y las líneas de la sonrisa. El huevo tiene un efecto envolvente retráctil y también reduce la inflamación alrededor de los ojos. Déjalo puesto mientras estás en casa, ¡pero no olvides lavarlo cuando salgas!

Ingredientes principales para el tratamiento del melasma

Antes de comenzar cualquier tratamiento casero para esta condición, consulta con tu dermatólogo para determinar si las manchas oscuras en tu piel son causadas por el melasma.

Aloe vera

El gel de aloe vera contiene polisacáridos mucilaginosos que aclaran las manchas y los puntos oscuros causados por la exposición excesiva al sol y la decoloración ocasionada por el melasma. Abre una hoja de aloe vera (puedes obtener una planta de aloe vera en el supermercado) y extrae el gel fresco. Pon aloe en las puntas de los dedos y masajee el área afectada y luego déjala por lo menos 30 minutos. Hazlo diariamente hasta que las manchas desaparezcan. El aloe vera también es excelente para el acné.

Jugo de limón

La alta acidez del jugo de limón puede ayudar a exfoliar la capa superior de la piel, y por lo tanto aclarar las manchas oscuras. Sumerge una bola de algodón en el jugo de medio limón exprimido y luego aplícala sobre la piel limpia donde tienes manchas de melasma. Agrega una cantidad igual de agua para diluir el jugo si tienes la piel sensible. Dejar actuar durante 20 minutos y luego enjuaga con agua tibia. Aplica crema hidratante, ya que el limón puede resecar la piel. Debido a que el jugo hace que la piel sea hipersensible a la luz solar, solo aplica este tratamiento por la noche. Si lo haces todas las noches, deberías ver los resultados después de dos semanas.

Cúrcuma

La cúrcuma es una especia india que se ha utilizado como antiguo remedio para curar y regenerar la piel. La curcumina, su ingrediente activo, tiene propiedades aclarantes, antiinflamatorias, antibacterianas (puede tratar granos y acné) y antioxidantes.

Haz una pasta espesa mezclando dos cucharadas de cúrcuma con cuatro cucharadas de leche o yogur natural. La cúrcuma puede manchar la piel de un ligero color amarillo, pero esto se limpiará rápidamente. Aplica esta pasta sobre la piel seleccionada por hiperpigmentación y deja secar durante 20 minutos. Enjuaga la piel con agua tibia mientras masajeas suavemente con movimientos circulares. Repite este tratamiento diariamente para obtener los mejores resultados.

Pasta de tomate

Aplicar la pasta de tomate sobre la piel seleccionada por hiperpigmentación y dejarla secar por completo. Enjuagar la piel con agua tibia mientras se masajea suavemente con movimientos circulares. Repetir diariamente para obtener los mejores resultados. La pasta de tomate también funciona muy bien para minimizar los poros dilatados; aplica una capa fina y enjuaga después de cinco minutos.

Consejos

Haz un vapor facial siempre que puedas antes de aplicar una mascarilla. Sé que sacar el tiempo para aplicar una mascarilla es lo suficientemente complicado, pero esto abrirá los poros y permitirá que la mascarilla penetre profundamente.

Para evitar irritaciones e incluso sarpullidos, trata de usar productos orgánicos (frutas, verduras y leche), yogur de leche orgánica entera sin edulcorante, aceites orgánicos prensados en frío y miel cruda.

Los dos ingredientes naturales más importantes para la piel son la miel y el yogur, y ambos son excelentes bases para tus mascarillas caseras. Puedes mezclarlos con otros ingredientes que tengas en tu cocina o lo que esté de temporada como papaya (exfoliante), aguacate (piel seca), fresas (piel grasa y propensa al acné o tono de piel desigual), kiwi (piel grasa), calabaza (piel seca), mango (piel seca o mixta y antienvejecimiento), naranja y limón (exfoliación y crecimiento de nuevas células) o banano (para todo tipo de pieles).

Yo aplico una mascarilla casera solo una vez a la semana, ya que prefiero hacer una nueva tanda cada vez. Algunos ingredientes pueden estropearse muy rápidamente. Si te queda una mezcla de exceso de mascarilla facial, úsala en las manos, el cuello y el escote antes de darte un baño.

Nunca he tenido una reacción alérgica a un tratamiento natural. ¡Quizá porque lo he estado usando desde que tenía 10 años! Pero antes de probar una mascarilla casera, hazte una prueba de detección en el cuello o en la mano para asegurarte de que no tengas una reacción alérgica. Y por supuesto, si sabes que reaccionas a cualquiera de los ingredientes cuando los comes, no te los pongas en la cara.

Cuidado del pelo

Aceite de oliva. Los ácidos grasos y la vitamina E hacen del aceite de oliva el tratamiento perfecto para el pelo en el hogar. Use aceite de oliva tibio (caliéntalo ligeramente) para las puntas abiertas. Déjalo actuar durante 20 a 30 minutos. Mi hermana, quien tiene un pelo increíble, se pone aceite de oliva en el pelo. También funciona muy bien para las uñas y las cutículas.

Aceite de coco. También contiene proteínas que pueden fortalecer el pelo y prevenir daños. Deja el pelo suave y brillante. Déjalo actuar entre 20 y 30 minutos.

El aguacate es rico en vitaminas B y E, que protegen, hidratan y fortalecen el pelo y contribuyen a su crecimiento. Me gusta mezclarlo con aceite de oliva. Déjalo por lo menos 30 minutos. Si tu pelo está muy seco, puedes aplicarlo a todo el pelo; de lo contrario, úsalo solo en las puntas. El aceite de aguacate también es muy bueno.

Mayonesa. Sí, has leído correctamente, mayonesa. Antes de que digas algo, este es el secreto natural de Blake Lively. Aplícala solo en las puntas del pelo durante al menos 30 minutos y luego enjuaga.

Romero. Hervir dos tazas de agua con un poco de romero y déjalo hervir durante diez minutos. Filtra el agua para dejar fuera el romero y enjuaga tu pelo con el agua. Aporta brillo y ayuda a que el pelo crezca más rápidamente. También puedes poner el agua de romero en una botella con rociador y aplicarla en las raíces antes de acostarte todas las noches. ¡Es lo que mi hermana hace!

Si te quedas en casa, cúbrete el pelo con una gorra de ducha y deja los tratamientos por 30 minutos. Si voy a dar un paseo o a hacer ejercicio por la mañana, me pongo aceite de oliva o de coco en las puntas del pelo y me pongo una gorra.

Ir al gimnasio y... ¿Relajarme?

La mayoría de los domingos voy a mi gimnasio. Antes de salir, me pongo un poco de aceite de oliva en las puntas del pelo y empaco todos mis productos de belleza y un libro. Cuando llego, hago algunos estiramientos o ejercicios ligeros. Después de eso, voy al baño de vapor. Traigo una bolsa Ziploc con aceite de oliva, azúcar morena y miel para exfoliar todo mi cuerpo. Me quedo allí de diez a quince minutos. Me ducho y me lavo el pelo. Me aplico aceite en la piel mientras está aún húmeda y me pongo algo cómodo. Luego voy a la biblioteca (cerca de mi casa) o al área de espera del gimnasio donde hay sillones y leo durante una hora mientras bebo una botella grande de agua. Llego a casa sintiéndome muy renovada. Si no tienes una membresía de gimnasio, pídele a un amiga que te lleve como invitada ¡hay algunos gimnasios de lujo que no le piden nada a un spa! Pídele a tu esposo dos horas de su tiempo o pídele a alguien que cuide al bebé solo por un par de horas.

Maquillaje vs. ir al natural y todo lo demás

Después de asegurarte de que tienes una piel radiante siguiendo todos los pasos mencionados en el capítulo anterior, ahora puedes utilizar algunos productos básicos para un maquillaje de aspecto natural. La tendencia actual en maquillaje es el "aspecto sin maquillaje", pero incluso si pasa de moda, sigue siendo perfecto para las nuevas mamás ocupadas. ¿Quién tiene tiempo para hacer contorno? Asegúrate de revisar tu maquillaje con luz natural, no solo en el baño, ya que puede tener una apariencia completamente diferente bajo una iluminación distinta.

Base. A estas alturas ya deberías saber si prefieres la base de maquillaje o el polvo. Yo solía ser una fan de la marca Chanel en mis "días de ejecutiva de ventas". Ahora no tengo el presupuesto ni el tiempo para aplicarlo y mezclarlo, y de todos modos siento que me queda demasiado pesado. He descubierto los cojines compactos, que son bases líquidas livianas que inducen brillo y crean un aspecto más natural. Se desarrollaron en Seúl, Corea del Sur, en 2007 y se estima que un Cojín de Aire IOPE XP (el original) se vende cada seis segundos en esa mega ciudad. Me gusta mucho el Amore Pacific (Sephora). Sus potentes productos botánicos asiáticos hidratan profundamente la piel. Otras opciones naturales fáciles de aplicar son las cremas hidratantes o las cremas BB tintadas.

¿Qué son las cremas BB? BB es un bálsamo o base contra las imperfecciones que hace el trabajo de un humectante, primer, protector solar, tratamiento para la piel, corrector y base de maquillaje. ¡Todo en un solo producto! Personalmente, no uso una crema BB a diario, ya que siempre prefiero aplicar la base de maquillaje y el protector solar por separado, pero si tengo prisa, esto es lo que uso. Para ampliar tus conocimientos en productos de belleza (ahora que eres una experta en cremas para pañales), también hay una crema CC (color o crema correctora) que va un poco más pura y tiene un aspecto más natural.

Después de usar el humectante tintado, la crema BB o el cojín, puedes omitir el polvo (si tu piel no es grasa). Para el verano, me gusta aplicar bronceador en lugar de polvo. (Prefiero una versión sin brillo).

Cuando estés aplicando la base, mezcla bien en los bordes para evitar una línea visible.

Consejo profesional. Ya sea que uses base de maquillaje o polvo, para lograr una apariencia más natural, no cubras la nariz. Si estás utilizando el cojín para un aspecto más natural, no necesitas mezclarlo en el cuello, solo un poco de bronceador (sin brillo) en el cuello será ideal.

Corrector. Si la limpieza y el bloqueador solar son la base de una piel radiante, el corrector es la clave para lucir decente y ser aceptada por la sociedad, bueno quizá no es tan dramático. Incluso si no tienes ojeras, te beneficiarás de ello. Si usas base de maquillaje, crema BB, crema hidratante teñida o un cojín compacto (¡lo que recomiendo encarecidamente!), el corrector se aplica después, y si usas polvo, antes. Solo asegúrate de haberte aplicado una crema de ojos antes para que el corrector se mezcle fácilmente y no parezca pegajoso. Siempre mézclalo con tu dedo meñique para poner menos presión en la cara. Para parches de melasma, usa un tono melocotón para neutralizar el color oscuro y no lo frotes. Simplemente tienes que tocar el punto de melasma con tu dedo índice una o dos veces y aplicar un poco de tu base después.

Maquillaje vs. ir al natural y todo lo demás

Mejillas. La mayoría de las mujeres dicen que no pueden vivir sin rímel. Yo no puedo vivir sin rubor. A veces, si no tengo tiempo para aplicar mi Cushion Compact, me pongo colorete. Si sigues los pasos para tener una piel radiante, eso puede ser todo lo que necesitas (¡bueno, y también rímel!) No sonrías mientras aplicas colorete en las manzanas de tus mejillas, ya que el color terminará en la parte inferior de la cara.

El look *sin maquillaje* requiere iluminador en las mejillas en vez de rubor. Lo que realmente me gusta para un look más natural o cuando tengo tiempo para maquillarme los ojos para una ocasión importante. Si prefieres esta técnica, usa con mesura el iluminador.

Si tienes tiempo extra… Agrega iluminador en la parte superior de los pómulos y en el puente de la nariz. Yo solo aplico el polvo verticalmente a lo largo del centro de la nariz con mi dedo. Si deseas adelgazar la nariz, aplica un bronceador (sin brillo) o una sombra de dos tonos más oscuros que el color normal de tu piel a lo largo de los lados de la nariz; mezcla suavemente y aplica el polvo para fijar. (Asegúrate de no empolvar la parte delantera de la nariz, solo las esquinas). Para una noche de fiesta, aplica bronceador debajo de las mejillas. OK, sí, ¡todo esto es un contorneado!

Cejas. Son el marco de tu cara. Trata de mantenerlas depiladas. Como no usarás demasiado maquillaje, es importante tener las cejas limpias. Yo voy una vez cada dos meses para que me las depilen con cera (y las depilo yo misma para mantenerlas entre visitas). Fija y define tus cejas con gel para cejas transparente o de color. Si nunca te has hecho las cejas (¿en serio? por favor, hazlo. Es un factor de transformación), prueba Anastasia Brow Studio en Nordstrom o un lugar de prestigio equivalente en tu ciudad. Anastasia es la reina de las cejas en Hollywood y la fundadora de la marca de cosméticos Anastasia Beverly Hills. Sus expertos en estudios de cejas utilizan el método de Anastasia, que es la cera y la pinza.

Si tienes tiempo extra, obtén el color de ceja perfecto y llena los espacios con un polvo para cejas (humedece un poco el pincel) y un pincel para cejas.

Ojos. Mantengámoslo simple: rizador de pestañas y rímel. Nada más. No apliques una base de maquillaje o una base de ojos a tus párpados, porque si no se aplica la sombra de ojos después, se verá como plasta. Y por favor no uses sombra blanca debajo de la ceja, esa técnica es de 2003. Como yo uso aceite de ricino todas las noches, tengo pestañas largas (quería darte este consejo antes, pero pensé que era demasiado, pero bueno, acá lo tienes), así que solo uso el rizador de pestañas. Pero puedes aplicar el rímel o un gel transparente (si no quieres molestarte con quitarte el rímel por la noche) después de usar el rizador.

Si tiene tiempo extra... Aplica un tono marrón semi oscuro a lo largo y justo por encima de la línea superior e inferior de las pestañas. Si te sientes más aventurera, subraya la línea de las pestañas inferiores con un lápiz labial oscuro en tono desnudo (sí, un lápiz labial), comenzando por el centro y saliendo hacia afuera. Para un pop más grande por la noche, solo tienes que poner un poco de sombra de ojos dorada en el centro del párpado (dos golpecitos con un pincel) y dibujar una línea delgada solo hasta el tercio externo del párpado usando un delineador marrón. Termina con un resaltador en las esquinas interiores de tus ojos. Esta técnica y tonos de color se armonizan con todos los tonos de piel y es muy fácil de recrear.

Labios. Con un bálsamo teñido bastará.

Si tienes tiempo extra: Mi hermana, que es una profesional del maquillaje, me contó este truco. Si te estás aplicando lápiz labial, usa siempre un pincel de lápiz labial, de lo contrario se ve demasiado pesado. Después define tus labios con un lápiz labial (sí, primero el labial, luego el lápiz) y por último, usa un bálsamo labial para sellar el color y mezclar el delineador de labios. ¡Se ve mejor y dura más tiempo!

Recomendaciones de productos

Recuerda que lo más importante para un aspecto *sin maquillaje* es una piel radiante. Asegúrate de limpiar, hidratar y usar protector solar diariamente.

Tu piel es la verdadera base de este look. La parte más importante de tu rutina de maquillaje es la secuencia de cuidado de la piel. Ahora, aquí están mis recomendaciones de productos para el look sin maquillaje.

Base

- AmorePacific Color Control Cushion Compact
- Laura Mercier Tinted Moisturizer
- Coola Rosilliance TM Organic BB Cream
- IT Cosmetics CC+Cream Oil-Free Matte
- Fenty Beauty by Rihanna Foundation (Para una noche de fiesta. Hay 40 tonos disponibles. Prueba el buscador de tono en línea o en Sephora.)

Polvo

- Clinique Almost Powder
- Laura Mercier Translucent Loose Setting Powder

Corrector

- Mac Concealer N20 (Combina con casi todos los tonos de piel. Es uno de mis favoritos y dura mucho tiempo. Prefiero el que viene con una esponjita)
- Maybelline Fit Me Concealer
- Nars Soft Matte Complete Concealer Light 3 Honey (Para los parches de melasma. Es un salvavidas si sufres de esta condición. Es una sombra que se adapta a casi todos los tonos de piel. O consulta con alguien en Nars o Sephora para encontrar el tono adecuado para ti).

Iluminador

- Mac Mineralize SkinFinish en Soft & Gentle (para pieles claras) o Global Glow (tez mediana y oscura).

Cejas

* Anastasia Beverly Hills Brow Powder Duo color
* Anastasia Beverly Hills Tinted Brow Gel
* Para ambos productos, elige un tono que combine con tu color natural o un tono más claro.

Mejillas

* Make Up For Ever HD Blush (Prefiero el rubor en crema, ya que puedes aplicarlo con los dedos si tienes prisa)
* Nars Orgasm Blush o Nars Orgasm Liquid Blush (es un tono de rubor universal que va bien con cada tono de piel).
* Sephora Collection Blush & Luminizer On the Go Stick
* Sephora Colorful Face Powder in Passionate

Ojos

* **Rizador de pestañas.** Shu Uemura, Sephora o MAC
* **Máscara de pestañas:** Lancome Hypnose, Benefit They're Real, L'Oreal Voluminous Original, Maybelline The Falsies, Volum'Express, Maybelline Great Lash.

Sombra de ojos

* **Sombra de ojos marrón:** MAC Saddle Matte
* **Sombra de ojos dorada:** Artist Shadow Make up Forever.

(Ambos van bien con cada tono de piel).

Labios

* Delineador de Labios: NYX Peekaboo Neutral
* Sugar Lip Treatment Fresh in Honey
* Burt's Bees Tinted Lip Balm en Red Dahlia (si estás de

prisa, se puede usar como rubor poniendo una rayita en cada mejilla y la distribuyes con los dedos).

* Burt's Bees Gloss Lip Crayon en Sedona Sands
* Revlon Colorburst Balm Stain in Honey.

Lápiz labial

* Tonos desnudos (nude): Mac Velvet Teddy Matte, Mac Whirl Dirty Rose Matte, Wet N Wild MegaLast Bare it All, y Rose Bud (es una marca de farmacia que me gusta. Todos los colores de labios son ricos y permanecen por mucho tiempo.)
* Tonos rojos: MAC Cosmetics Lipstick Ruby Woo, Wet N Wild MegaLast Lipstick Red Velvet.

Incluso si no tienes tiempo para hacerlo todo, asegúrate de tener un poco de base de maquillaje, rubor, rímel… o lo que más necesites. Si tengo prisa, uso rubor, corrector y un poco de brillo labial, y rizo mis pestañas. Recuerda, tú eres la madre de un recién nacido, y puedes estar ocupada y cansada, pero puedes lucir lo mejor posible con un mínimo de maquillaje para que combine con el encanto de tu bebé.

En caso de duda, ponte las gafas de sol

Si hay algo que pensé que echaría de menos como mamá que está en casa, es mi guardarropa de trabajo. Siempre me ha encantado la ropa, y he hecho un gran esfuerzo (y he invertido lo suficiente) para lucir elegante en el trabajo. Solía planear todos mis atuendos para la semana todos los domingos. Esta es más o menos la conversación que tenía con mi esposo antes de salir a trabajar.

    Él: "¿Vas a un desfile de moda o a trabajar?"
    Yo: "A trabajar"
    Él: "¿No crees que es demasiado?"
    Yo: "YO SOY demasiado".

De todos modos, después de trabajar toda mi vida vistiendo atuendos profesionales, me divertí mucho armando el guardarropa de nueva mamá. Y no echo de menos mi ropa formal. Cuando salgo con mi bebé en el cochecito y veo a jóvenes ejecutivas caminando con tacones, me pregunto cómo lo hacen. Hace apenas un año yo era una de ellas, usando tacones de 8 a.m. a 5 p.m. durante toda la semana.

En caso de duda, ponte las gafas de sol

Consejos para el vestuario de mamá

No te dejes atrapar en tu ropa de maternidad por mucho tiempo. Podrías estancarte ahí. Yo me puse las mismas piezas de maternidad durante tanto tiempo durante mi embarazo que, aunque tuve que usar ropa suelta durante los primeros meses, quería algo diferente.

Piezas para tener en tu vestuario:

- 1 par de jeans bonitos (me gustan los jeans de Zara). Si todavía llevas jeans con bolsillos grandes y decoraciones en el trasero, por favor, quémalos. Si tienes el presupuesto, los jeans J Brand son una gran opción; busca los hechos con más viscosa (usualmente 43%) que los de algodón. Se parecen a los vaqueros pero en realidad se sienten como leggings, lo cual les hace moverse, verse y sentirse mejor. Son tan delgados que son perfectos para los días de verano cuando no estás lista para una falda o pantalones cortos, y perfectos para cuando estás viajando en avión.
- 2 jeans baratos para las citas para que los niños jueguen y los días de parque
- 1 par de pantalones casuales sueltos
- 1 par de pantalones cortos de mezclilla. Por favor, pantalones cortos con clase que no muestran un poco de tu trasero, ¡ahora eres una mamá!
- 1 chaqueta ligera (me encanta el verde militar; va con todo y no es tan serio como el negro).
- 1 Blusa de mezclilla
- 5 camisetas ajustadas, mezcla de spandex/algodón
- 1 suéter negro
- 1 suéter de colores
- 1 blusa de color pastel femenino que se pueda llevar suelta o metida por dentro

* 2 camisetas sueltas, negra y gris
* 2 camisolas elásticas (con tirantes de espagueti, las negras son las mejores)
* 2 lindas camisetas de lactancia (No necesitas gastar mucho dinero) en esto. Me gustan las marcas Milk Nursingwear y Latched Mama. (Una negra y otra que es colorida o tiene un diseño)
* 1 blusa blanca
* 1 top con rayas azules y blancas (perfecto para ropa informal)
* 1 vestido largo negro
* 1 bonito sombrero para cuando tienes días de mal pelo
* 2 coloridas bufandas (muy útiles para ocultar cualquier babeada o vómito del bebé)
* 1 par de tenis bonitos
* 1 par de zapatos bajos (me encanta la marca Soludos; son muy cómodos y con estilo. Target también tiene buenos estilos).
* 1 par de botas de tacón negro decentes (para usar en citas nocturnas o fiestas con amigos, no con tu bebé).

¿Qué me pongo cuando...?
Primer mes: Reunirse con amigas para tomar un café y conocer al bebé
Jeans de maternidad. (Lo sé, ¡todavía!)

Lindo top de lactancia (te sentirás más cómoda si tienes que amamantar). Por favor, no compres los de correas de espagueti con un clip. Se ven baratos, son traslúcidos, y no hacen que tu escote se vea bien. Si te gustan, póntelos debajo de una camisa de mezclilla o solo en casa. Zapatos planos.

Mes 5-6: Salir de noche con mis amigas; todavía uso ropa suelta… ¡pero mi bebé es adorable!

Evita los estampados, los colores vibrantes o demasiados colores. Usa tonos negros o neutros como el gris y el azul oscuro. Si quieres usar un vestido con estampados, usa una chaqueta negra larga. Para el clima de invierno, elige un abrigo recto, no abotonado. No te abroches la blusa hasta arriba y, preferiblemente, elige mangas de tres cuartos o hasta la parte superior del codo. Sigue usando el cuello en V, lo que llama la atención hacia tu hermosa cara.

Los vestidos envolventes son perfectos y cómodos para el verano, solo recuerda elegir colores oscuros. También, considera usar prendas modeladoras debajo de la ropa para adelgazar la figura, alisar las líneas y darte una mejor postura. Usa collares largos y delgados, no demasiado apretados en el cuello; si usas una bufanda, átala larga y suelta. Evita los cinturones llamativos o muy anchos. No uses botas largas apretadas; prueba las botas de tobillo. Peina tu pelo suelto y liso para que luzcas más joven y bien puesta.

Cita para ir a jugar

Jeans, camisola elástica negra o suéter colorido o camiseta de cuello en V negra o gris con una bufanda. Tenis o zapatos bajos.

Shorts de mezclilla, blusa ligera de manga larga y alpargatas. Recuerda, cuando llevas shorts, se ven mejor con camisa de manga larga y zapatos cerrados, ya estás mostrando las piernas, no tienes que mostrar nada más.

Reunirme con amigos para un picnic y parrillada (ya estoy cerca de mi peso meta)

Jeans lindos, camiseta ajustada de rayas náuticas, calzado deportivo.

En caso de duda (y con prisa)

Nunca te puedes equivocar con un vestido negro largo.

Primavera/Otoño. Vestido largo negro, chaqueta corta, bufanda y botas negras de tobillo.

Clima cálido. Vestido largo negro, bufanda larga y suave que cubre parte del vientre, y sandalias. También puedes añadir un chaleco de mezclilla.

Incluso si no has perdido peso, haz un esfuerzo para verte bien. Esto te animará a seguir adelante. Y no caigas en la trampa de usar cardiganes oscuros de gran tamaño. Busca algo que te dé forma y no lo uses todos los días. Otras opciones son una blusa de jean (¡una talla más grande solamente!) o una chaqueta militar verde. Ahora que estamos hablando de ropa que te mantiene caliente, por favor no uses chalecos acolchados. Quiero decir, en serio, ¿tienes frío o tienes calor? No hay nada que diga "madre aburrida que se queda en casa" más que un chaleco acolchado. Solo tienes que usar un suéter largo o una chaqueta larga delgada; si tienes mucho frío, una bufanda o una chaqueta adecuada. ¡Pero por favor, nada de chalecos!

Deshazte de tus cosas desaliñadas que no te quedan bien, para que no te sientas tentada a usarlas (si tienes dudas, haz una "desintoxicación de vestuario" con un amiga o miembro de la familia… alguien con buen gusto, por favor). No te olvides de todo de tu vestuario de trabajo; algunos de tus vestidos y pantalones (¡los cómodos!) se verán bien con zapatos planos o incluso con tenis ¡y te verás más elegante! Recuerda la postura; párate derecha. El estómago se verá más plano, y tú te verás más alta y con más confianza. Incluso te dará energía. Por último, sé que te encanta lo fácil que es llevarlas, pero por favor, nada de ropa de entrenamiento después del mediodía. Adelante, pon al bebé en el saltarín y prepárate para el día. ¡Hónrate a ti misma! Te sentirás mejor.

Dónde conseguir actualizaciones de moda y dónde comprar ropa

El hecho de que seamos madres no significa que no podamos llevar las últimas tendencias de la moda. Como la moda en general se mueve hacia un *look* más casual (tenis, zapatos planos, jeans, look deportivo… ¡incluso pijamas!), aprovecha y descubre las nuevas tendencias para recrear tu vestuario. Hay solo dos reglas, que no siempre apliqué antes de tener a mi bebé: tiene que ser cómodo y no necesita plancharse.

Sitio web

Hay tantos sitios web de moda, pero no puedo perder demasiado tiempo mirándolos. He estado siguiendo The Zoe Report de la estilista y diseñadora Rachel Zoe (¡me encanta ella!) y su equipo, desde que fue lanzado en el 2009. Su sección de moda incluye estilo callejero, consejos de estilo, estilo de las celebridades, piezas imprescindibles para la temporada y tendencias de moda. También te dicen las mejores compras de tiendas de ropa al por menor como Zara, Target y H&M. Hacen la investigación por ti, y luego lo compras en línea.

Mamás *cool* de Instagram

No siga a demasiadas *yummy mummys* en Instagram (más sobre los medios sociales en el capítulo 4). Sus vestimentas perfectas (¡incluyendo la vestimenta del bebé, por supuesto!), sus lugares impresionantes, y sus bonitas poses con sus bebés (que parece que nunca podrás conseguir con tu bebé) te volverán loca. De todos modos, ya sabes que las redes sociales no son reales, ¿verdad? A continuación, listo mis mamás *fashionistas* favoritas de Instagram que me inspiran:

@ariellecharnas: Vive en Nueva York. Excelente vestuario, zapatos increíbles, pelo perfecto. Ella y sus hijas son adorables juntas. La mayoría de las veces lleva marcas de lujo, pero sus atuendos pueden darte una idea de lo que está de moda en este momento.

@thefashionbugblog: es una madre *poosh* que vive en Londres. Ella es sin duda muy elegante (¡europea, después de todo!). Algunas de sus vestimentas son de marcas de ropa de High Street como Topshop y Zara. ¡solo consigue lo que ella compra!

@Hellofashionblog: Su estilo es cómodo y casual, pero a la vez moderno. Ella siempre va a destinos fascinantes.

@Sincerelyjules: Ella no es madre… todavía. Es una chica californiana, trotamundos, que se viste muy *cool* y ¡queremos/necesitamos ser como ella!

Inspiración en todos lados

Es genial inspirarse en Pinterest o Instagram, pero también lleva mucho tiempo. Todavía puedes inspirarte en el centro comercial, en un restaurante, incluso en el parque de juegos, cuando ves un aspecto que te gusta. Una vez tuve una cita para jugar y la otra mamá llevaba pantalones capri negros, zapatos deportivos blancos y una blusa blanca suelta, y ella tenía el pelo recogido hacia atrás. Me gustó mucho su atuendo y me di cuenta de que yo tenía todas las piezas para la misma combinación, ¡pero nunca las había puesto juntas! (¡Por supuesto, nunca me lo puse cuando estaba con ella!) Mira los maniquíes en tus tiendas favoritas. Cuando no tengo mucho tiempo para comprar y ver cada pieza de ropa colgada, trato de conseguir lo que el maniquí tiene en mi talla (por lo general es la mejor opción en la tienda y ya lo tienen combinado). Lo pruebo en casa y si no me queda, lo devuelvo.

Tiendas minoristas

Zara. El 85 por ciento de mi vestuario es de Zara. Tienen dos grandes ventas durante el año: verano (finales de junio) y el Viernes Negro. Ve a la tienda un par de días antes y pruébate todo lo que quieras. Disfruta de tu día de Acción de Gracias, comete tu pavo y, a medianoche, hora de la Costa Este, listos… ¡en línea, por supuesto! La ropa para niños también es adorable.

Target. Bueno, soy madre, así que claro que compro en Target. Especialmente me gusta comprar sus salidas de baño, tops casuales y zapatos, así como casi toda la colección de niños para mi hijo.

Old Navy. Sí, la marca deportiva favorita de todas las mujeres en US es LuluLemon. Tengo un par de piezas y la calidad y el diseño son excelentes. A mí también me gusta Nike. Sin embargo, estoy muy impresionada con la línea deportiva de Old Navy. ¡Los materiales y los diseños de moda se ajustarán a tu cuerpo ¡y a tu presupuesto! También me gustan los sujetadores deportivos de Forever 21.

He perdido todo el peso y quiero presumir

¡Bien por ti! solo una palabra: apretado. Estaba tan feliz cuando perdí todo mi peso de bebé. Fue cerca de Halloween. Nunca había usado disfraces sexy para Halloween, a pesar de que es la tradición americana. Un año antes, yo era un superhéroe con mi vientre de bebé de 4 meses. (Así fue como les dijimos a nuestros amigos que íbamos a tener un bebé.) Fuimos anfitriones de una fiesta y nos presentamos como los *Incredibles* y el *Bebé Increíble* (señalando la pancita). Para el próximo Halloween, después de que naciera mi bebé, quería usar el traje de cuero más ajustado que pudiera encontrar. Compré un par de orejas de gato y me puse maquillaje y viola! ¡Yo era un gato! Cuando estaba posando para las fotos con mis amigos y posando como gata, una amiga me preguntó por qué estaba actuando como un gato cuando era una conejita. Le dije: "No, soy una gata". Mi amiga me señaló mis grandes orejas puntiagudas. De hecho, ¡eran orejas de conejo! Estaba tan entusiasmada con mi traje de cuero que no había prestado atención a las orejas. Gato, conejito... ¡No me importaba! solo quería llevar algo ajustado. A partir de ese momento, empecé a hacer la transición de mi ropa suelta a ropa más ajustada. Se sintió bien. Pantalones vaqueros ajustados, suéteres cortos y camisas ajustadas. Estaba orgullosa de mi misma y sintiéndome como antes. ¡Miau!

Accesorios
Sombrero

Los sombreros serán tu salvación para los días en que tu pelo no quiere cooperar (por ejemplo, no me he lavado el pelo por una semana, pelo encrespado, pelo lavado pero no seco, pelo con un tratamiento y, por supuesto, el siempre popular pelo que no me importa). Deberías tener uno para cada temporada:

Verano. Sombreros de ala. Un ala grande es mejor para los días soleados en los que planeas estar al aire libre por mucho tiempo. Un sombrero con un ala más pequeña es bueno para usar con un espléndido atuendo.

Primavera y otoño. Sombreros de caída flexible (mis favoritos).

Invierno. Gorro de punto. ¿Qué mejor que cubrirse la cabeza y rematar con una pelota grande y esponjosa?

Me gustan los sombreros de World Market, Urban Outfitters, Aldo y Nordstrom (sección para adolescentes; son más baratos).

Advertencia. Las gorras solo se permiten cuando estás en tu ropa deportiva.

Bolsa

Aparte de tu pañalera, vas a necesitar un bolso más pequeño para tus objetos personales, algo como una bolsa cruzada en la que puedes guardar tu teléfono, llaves del automóvil, dinero en efectivo y tarjetas. Ahorrarás tiempo ya que no tendrás que buscar tu teléfono, billetera y llaves por todas partes en tu bolsa de pañales, cochecito, o en el auto. Además, es más seguro. Habrá momentos en los que dejarás tu carriola aparcada en alguna parte. Entre más pequeño el bolso, mejor. Una bolsa mediana no es práctica cuando tienes a un bebé o cuando tienes a tu bebé en el canguro o cuando estás persiguiendo a tu bebé que camina. Me gusta la marca Bandolier; tienen prácticos y elegantes soportes para iPhone y traen ranuras para guardar tus tarjetas.

Joyería

Esta es una buena oportunidad para deshacerse de joyas que ya no usas o que están pasadas de moda. Como nueva mamá, hay que buscar la sencillez.

En caso de duda, ponte las gafas de sol

A mí me gusta un collar pequeño con la inicial de tu bebé. Una inicial es más bonita y más sutil que el nombre completo.

Hay collares de 50 a 2000 dólares con diamantes. Mis marcas favoritas que tienen el collar colgante inicial son:

* Jennifer Zeuner
* Monica Vinader (Disponible en Nordstrom)
* Roberto Coin (Disponible en Nordstrom)
* Jennifer Meyer (si tienes el presupuesto!)

Suscríbete a los boletines. Recibirás un descuento de 10 a 20 por ciento cuando te suscribes y te informarán cuando tengan descuentos especiales.

y...

* Un buen par de aretes de tuerca de diamantes falsos (¡o reales!) o de perlas.
* Un reloj de pulsera (Prefiero los relojes masculinos grandes y gruesos.)
* Tu anillo de bodas (¡Se siente bien poder usarlo de nuevo!)
* Gafas de sol (No soy una fan de las gafas de sol con el logotipo grande o el nombre del diseñador en la patilla. Mis favoritas son las clásicas Ray Ban, aunque no son muy prácticas cuando eres mamá; no puedes ponerlas sobre tu cabeza. Otra de mis marcas favoritas es Illesteva (no son súper caras, y su estilo Leonard parece adaptarse a la mayoría de los rostros).

Y por supuesto, cuando no te sientas lo mejor posible o cuando tengas dudas, simplemente mantén tus gafas de sol puestas... incluso en Starbucks.

El sueño reparador no es un mito

El sueño es la mejor meditación

— EL DALAI LAMA

Por último, el ingrediente más esencial en tu rutina diaria de belleza ¡es el sueño! No era yo consciente de la importancia de dormir bien hasta que fui mamá. Antes de mi bebé, solía decir con orgullo que mi cuerpo no necesitaba mucho sueño. Incluso los fines de semana, me levantaba a las 7 a.m. (Ahora quiero abofetear a la que era yo antes; ¡debería haber estado durmiendo hasta el mediodía!) Cuando escuché a la gente decir que su mejor secreto de belleza era dormir, pensé que era mentira. Pero la verdad es que para tener una piel increíble, necesitas dormir. Más allá de eso, lo más importante es que para disfrutar y cuidar de tu bebé, necesitas dormir. Los primeros meses son arduos con el llanto y la alimentación cada dos horas. En esa etapa, con todos los retos que conlleva, solo sobrevives. Y la popular frase "dormir como un bebé" de repente tiene un significado completamente diferente. Después de que tu bebé se duerme por la noche, es tentador quedarse despierta hasta tarde limpiando la casa, viendo la televisión, pagando cuentas, hablando por teléfono o simplemente navegando por Internet. Si estás privada de sueño, no estás sola. Según la última encuesta de Gallup, el 42 por ciento de todos los adultos estadounidenses duermen menos de la cantidad recomendada (siete horas). Un sueño de calidad es importante para tu salud, tu mente, tu cerebro, tu belleza y tu bebé. ¿Cómo puedes cuidar a tu bebé si te sientes cansada todo el tiempo? Tu prioridad número uno es cuidar de ti misma para que puedas cuidar de todos los demás. Un padre bien descansado (tanto como sea posible) es tan importante como un bebé bien descansado. La privación del sueño puede llevar a la depresión, al estrés marital, a la negligencia infantil y hasta puede ocasionar accidentes peligrosos.

En su libro *The Sleep Revolution* (Revolución del sueño), Arianna Huffington señala que el sueño es esencialmente como traer al equipo de limpieza durante la noche para limpiar las proteínas tóxicas que se acumulan entre las células cerebrales durante el día. Básicamente, si valoras tu cerebro, duerme más.

Además, Huffington menciona cómo la falta de sueño tiene un gran impacto en nuestra capacidad de regular nuestro peso. En un estudio de la Clínica Mayo, los individuos con restricciones de sueño ganaron más peso que sus contrapartes que durmieron bien en el transcurso de una semana, consumiendo un promedio de 559 calorías adicionales al día. Las personas que duermen solo seis horas por noche tienen 23 por ciento más probabilidades de tener sobrepeso. Si se duerme menos de cuatro horas por noche, la mayor probabilidad de tener sobrepeso se eleva a un 73 por ciento, esto se debe en gran medida al hecho de que las personas que duermen más producen menos de una hormona llamada grelina, la "hormona del hambre" que aumenta el apetito.

Sí, sé que el sueño es importante, pero...

Debes estar pensando, "gracias por recordarme lo importante que es el sueño y lo negativo que afecta a mi cuerpo y al bebé si no lo consigo, pero creo que te estás olvidando de que tengo a un pequeño ser humano en casa y apenas puedo dormir". Bien, esto es lo que harás:

Primero, haz una cita con tu cama y apégate a ella. Pon la alarma para la hora de acostarte. Tú no puedes controlar cuánto tiempo vas a dormir después de tener un bebé. El único control que tenemos es la hora de acostarnos, al menos después del segundo o tercer mes (incluso si se despierta en las próximas horas para alimentarse).

Cuando tengas una rutina con tu bebé, trata de acostarte temprano. Yo pongo a mi bebé a dormir entre las 7:00 y las 7:30 (espero que estés poniendo a tu bebé a dormir entre las 7 y las 8 p.m.) y me voy a la cama a las 10:30. Hubo un par de meses en los que me sentí cansada y malhumorada y me hice dos compromisos: irme a la cama a las 10:30 y dejar mi teléfono en la sala. En los primeros meses antes de hacer esto, alimentaba a mi bebé a las 10:30 y luego me mantenía al tanto por teléfono: revisando mis aplicaciones de bebé, ropa, Amazon, sitios de noticias y chismes (más chismes que noticias) o mirando todos los videos de fotos de mi bebé de ese día. Me iba a la cama a las 12:30, ¡a veces a la 1:00 a.m.! La recomendación es que te mantengas alejada de tu teléfono por lo menos una hora antes de acostarte, pero intenta por lo menos 30 minutos de tiempo sin pantalla antes de irte a dormir.

Realmente funciona. Los estudios han demostrado que la luz artificial de las pantallas puede inhibir la producción de melatonina, que juega un papel importante en decirle a tu cuerpo que es hora de dormir.

Rutina a la hora de acostarse

La idea es incorporar la relajación en tu rutina nocturna. Los expertos aconsejan a los padres que establezcan una rutina para sus bebés, pero los adultos también la necesitan. Le permite a nuestro cuerpo saber que la hora de acostarse estará aquí pronto. Yo comienzo mi rutina a las 10 p.m. y dejo mi teléfono en la sala. Una encuesta en Estados Unidos entre mil personas realizada en 2015 reveló que el 71 por ciento de los encuestados duermen con o cerca de sus celulares. ¿Eres parte de este porcentaje? Yo me tomo diez minutos para recoger el desorden en mi casa (solo diez minutos, de lo contrario puedo quedarme despierta hasta la medianoche limpiando), luego tomo una ducha rápida con las luces apagadas o (uso la luz de mi espejo de maquillaje), me tomo un té, me aplico las cremas faciales (y pongo mi difusor con aceite esencial de lavanda; me encantan los aceites esenciales de Doterra), y me voy a la cama. Trato de no pensar en cosas que tengo pendientes o que me molestan. Pienso en los mejores momentos del día con mi bebé, luego me concentro en mi respiración, que es una forma de meditación. Estoy tan relajada después de mi corta meditación y al mismo tiempo tan cansada después de un largo día que me voy al país de los sueños de inmediato. Esto ha tenido un gran impacto en mi estado de ánimo, niveles de energía e incluso en mi piel. No tuve un sueño ininterrumpido durante casi todo el primer año, pero pude dormir entre seis o siete horas, en gran parte debido a esta rutina.

Insomnio

Dudo que tengas este problema, pero puede haber días en los que simplemente no puedas dormir, o que te despiertes para calmar a tu bebé que llora en medio de la noche y luego no puedas volver a dormir. En lugar de mirar tu teléfono y ver qué tragedias están pasando en algún lugar lejano, pero que te entristecen, ¿qué tal si trabajas en tu rutina de cuidado de la piel? Si te perdiste alguno de los pasos de la noche, puedes usar este tiempo para ponerte al día, o incluso darte un buen masaje en las manos o en los pies. Luego ve a la cama de nuevo y trata de meditar. Cuando no puedo dormir, escucho una de las meditaciones gratuitas en la aplicación Calm y en menos de cinco minutos, me duermo. Otra recomendación es utilizar la relajación muscular progresiva, tensando y liberando los músculos de los pies hasta los hombros y el cuello, después de acostarse.

Tener una dieta saludable, pasar tiempo al aire libre con luz natural y realizar algún tipo de actividad que quema energía como cardio, natación, yoga o un ejercicio de estiramiento puede ayudarte a relajarte y a dormir más rápido y mejor.

Remedios naturales para el sueño

La melatonina, a menudo utilizada para el tratamiento del insomnio, se encuentra en más sustancias naturales de lo que puedes pensar. Según estudios de investigación agrícola, las cerezas son una de las mejores fuentes naturales de melatonina. Se recomienda tomarlas una hora antes de acostarse. Yo compro cerezas congeladas de Costco y por lo general tomo unas cuantas por la noche. También puedes aumentar tus niveles de melatonina con jugo de piña, jugo de naranja, un pequeño puñado de nueces o almendras, o la mitad de un banano, que son ricos en magnesio, un relajante muscular natural. Una cucharadita de miel también puede ayudar, ya que la miel contiene glucosa, que le dice a tu cerebro que cierre la orexina, un químico que desencadena el estado de alerta. El rocío de lavanda para las sábanas también puede ayudarte a sentirte más relajada.

Y recuerda, no tomes café por la noche (seis horas antes de acostarte); igualmente en la noche, evita los quesos duros, los alimentos picantes y grasos.

Entrenamiento del sueño

Este se supone que no es un libro para bebés, pero como tus noches de insomnio se deben frecuentemente a que tu bebé no duerme toda la noche, hablemos de tu pequeño angelito. Yo leí todos los libros sobre el entrenamiento del sueño. Incluso un consultor de entrenamiento del sueño vino a mi casa, lo que me costó ¡200 dólares! (Pero oye, eso es más barato que terapia de pareja) ¿El mayor arrepentimiento del primer año de mi bebé? Esos 200 dólares. ¿En qué estaba pensando? En realidad, no estaba pensando en absoluto; estaba privada de sueño. Esto demuestra lo desesperados que estábamos.

Yo no estaba de acuerdo con la ferberización. Solo conocerás este término si eres una adicta a los libros de maternidad como yo. Suena como congelar la grasa de tus muslos, ¿no estaría genial? (bueno, eso en realidad se llama CoolSculpting, pero no hablaremos de eso en este libro.) El método Ferber es dejar que tu bebé llore. Lo escuché tantas veces, pero me dije a mí misma, no hay manera de que vaya a dejar que mi pequeñito llore. Un día cuando mi bebé tenía 11 meses (sí, 11 meses, no me juzgues) mi suegra británica vino a visitarnos. Lo pusimos a dormir y empezó a llorar. Estaba a punto de ir a recogerlo, como de costumbre, cuando ella me dijo en un tono muy autoritario: "No entres". Si hubiera sido mi madre, le habría dicho: "¿Estás loca? Es mi bebé y no voy a dejar que llore". Pero viniendo de ella, sentí como si Margaret Thatcher me diera una orden. La respeto tanto que volví al sofá y me senté. Tuve un par de lágrimas que corrían por mi cara porque mi bebé estaba llorando sin parar. Después de varios días de hacer lo mismo, al final, cuando ponía a mi bebé en su cuna, se levantaba para darme un abrazo y luego se volvía a acostar y rodaba hacia un lado. Salía de la habitación y lo veía con los ojos abiertos, muy tranquilo. No podía creerlo. Mi esposo estaba molesto porque no lo hicimos antes, pero yo sentía que no podía haberlo hecho cuando él era más pequeño. Después de que mi suegra se fue, lo trasladamos a su propia habitación (otra vez, no me juzgues) y comenzó a dormir toda la noche a los 11 meses, 1 semana y 3 días. Incluso me tomé una selfie al día siguiente y se la envié a mi madre y a mi hermana: así es como uno luce después de ocho horas de sueño ininterrumpido. ¡Cheers, Granny!

No necesitas un libro, necesitas un capítulo

Para todo lo relacionado con el sueño o el entrenamiento para dormir, recomiendo el libro, *Bringing Up Bébé – One American Mother Discovers the Wisdom of French Parenting* (La crianza de un bebé – Una madre americana descubre la sabiduría de la crianza francesa). Pamela Druckerman estudia y entrevista sobre cómo duermen los bebés franceses durante la noche a los tres o cuatro meses de edad, o incluso antes. Ve directamente al capítulo 3, *Ella hace sus noches*. He leído varios libros sobre este tema tan angustioso y este capítulo es mucho mejor que cualquiera de ellos. Para resumir, haz "la pausa" cuando el bebé tenga unas semanas: haz una pausa cuando llore por la noche, antes de levantarlo, la madre debe hacer una pausa para asegurarse de que está despierto. Entre la medianoche y las 5 a.m noche, los padres deben volver a envolver al bebé, acariciarlo, cambiar de pañales o pasear al bebé, pero la madre debe ofrecerle el pecho solo si el bebé sigue llorando después de eso. Si después del cuarto mes, todavía se está despertando, te romperá el corazón, pero deja que llore, ya sea de un día para otro o por etapas. Al final, es una elección muy personal, pero los estudios de caso, las entrevistas con expertos y la investigación que presenta la autora te darán una idea para ayudarte a tomar una decisión. Funciona en Francia y ¡funcionó para mí!

Por favor, duerme

Así como tu cuerpo necesita alimentos nutritivos y ejercicio para funcionar correctamente, también necesita descansar. El sueño le da a tu cuerpo y cerebro un periodo de restauración que necesita para procesar y reparar. Cuando duermes, tu cerebro comienza a procesar los recuerdos del día anterior y prepara la memoria para el siguiente. Tu energía y tu estado de ánimo también dependen de las hormonas que tu cuerpo libera con el sueño profundo. Y el sueño reparador es real. Las células de la piel se regeneran y reparan el daño causado por los radicales libres durante el día. Así que si quieres una piel estupenda, menos estrés y un sistema inmunológico más fuerte, necesitas dormir. Solo si estás descansada te sentirás fuerte y podrás concentrarte a la mañana siguiente. No tienes que sentirte culpable o estresada por ello; a veces lo más productivo que puedes hacer por tu salud y cordura es dormir.

Parte Cuatro
¡Hola, Mundo! ¿Qué Me Perdí?

Has estado disfrutando de tu bebé en casa y recuperándote del trabajo de parto. Finalmente, te sientes lista para enfrentarte al mundo, bañarte y arreglarte más, maquillarte un poco y ponerte al día con tus amigas. ¿Y por qué no hacer nuevas amigas que también son mamás?

Este no es solo el momento de ser madre, sino también el de reinventarte a ti misma. Tú tienes esta increíble oportunidad de quedarte en casa y estar con tu bebé, y aunque esto te tomará mucho tiempo, también tendrás tiempo para mejorar: leer libros, hacer ejercicio, cocinar alimentos más sanos, estar en contacto con tus amigas más a menudo y ¿tal vez meditar? (¿al menos por cinco minutos?). Ya sea que vas a estar en casa por seis meses o un año o dos, no tienes que estar 100 por ciento enfocada en tu bebé. Recuerda, lo más importante es tu bienestar: si tú estás bien, también lo está el bebé. Cuidarte a ti misma es clave para el desarrollo adecuado de tu bebé.

En esta sección compartiré algunos consejos para conquistar el mundo.

Encuentra tu tribu

Yo pensé que iba a encontrar a mi alma gemela. Una nueva amiga perfecta con mucho en común. Íbamos a amamantar al mismo tiempo, caminar con nuestros cochecitos por la playa y tomar café mientras nuestros bebés tenían siestas ininterrumpidas de dos horas. Desafortunadamente, nada de esto sucedió. Lo más triste es que las siestas ininterrumpidas de dos horas nunca ocurrieron.

Para hacer nuevas amigas, tienes que hacer un esfuerzo. Hay tantos grupos de bebés. Antes de tener un bebé, creía que no los necesitaba. Ahora, son una bendición. Me ayudaron a mantenernos a mí y a mi bebé cuerdos (especialmente a mí). Tú y otras mamás nuevas están pasando por las mismas cosas y todas están ansiosas por recibir consejos, hablar y hacer nuevas amistades. Aquí están algunas de las clases que tomé en San Diego, California, puede haber otras en el lugar donde tú vives, tienes que investigar: Nota: Para las clases de ejercicio, siempre consulta primero con tu médico.

Baby and Me Yoga Class. Es una clase perfecta para empezar porque el bebé no se mueve por todas partes. Él estará a tu lado, mirándote fijamente y conociendo un ambiente desconocido pero tranquilo. Podrás relajarte (¡si tu ángel no llora!), estirarte y hablar con las mamás después de la clase.

Stroller Strides. (Solo en Estados Unidos) es parte de Fit4Mom, que es la tribu más grande del país con mamá en mente. Stroller Strides es un programa de ejercicio diseñado para madres con niños pequeños. Dura 60 minutos, el entrenamiento de todo el cuerpo incorpora caminata, fuerza, tonificación, y para los niños ofrecen canciones y actividades. Recomiendan esperar hasta que tu bebé tenga al menos 6 semanas de edad. Es una buena clase para empezar tu rutina de entrenamiento, pero requiere más energía. Es probable que el bebé duerma la siesta durante todos tus movimientos con el cochecito. Será intenso, pero si quieres volver a ponerte en forma, este es el curso para ti. Hacer ejercicio mientras conoces nuevas amigas, ¡suena como el plan perfecto! Las mamás se reúnen en su parque local. Busca en línea una ubicación cercana a ti en www.fitT4mom.com

Narración de cuentos en la biblioteca local. Cuando mi bebé tenía tres meses de edad, mi esposo solía llevarlo a dar un paseo por horas. Un día por fin le pregunté a dónde lo llevaba tanto tiempo y me dijo que a la biblioteca. La nueva Biblioteca Central de San Diego estaba a dos cuadras de nuestra casa y yo nunca había ido (en mi defensa, yo solía trabajar de 8 a 5 y los fines de semana iba a la playa). Así que empecé a ir a la biblioteca también. Rápidamente me enteré de la clase de cuentacuentos una vez a la semana y descubrí "mi rincón": muchos libros para bebés sobre cómo dormir, amamantar y tener un bebé tranquilo y feliz. Los tomé todos prestados y los leí en casa. Antes, gastaba un promedio de 40 dólares al mes en Amazon en libros para bebés que ni siquiera terminaba de leer por completo. Las bibliotecas son un gran lugar para los bebés. Disfrutarán de estar dentro si el clima es demasiado caliente o frío (en nuestro caso, fue un verano muy caluroso) y les encantarán todos los colores, el silencio, y disfrutarán ver caras diferentes. Cualquier tipo de tema que te interese… lo encontrarás allí. A ti y a tu bebé les encantará la biblioteca pública. Podrás reunirte con mamás de la zona y las clases son gratuitas. Asegúrate de suscribirte también al servicio de audiolibros.

Clases de lenguaje de señas. Las únicas palabras que aprendió fueron "leche", "para" y "come", pero estas son las más importantes, ¡especialmente "para"! Valió la pena, pero tienes que ser persistente. Disfruté aprendiendo las señales para mí misma también. Fue muy interesante y siempre recordaré estas señales.

Gymboree. Empezamos a ir cuando mi hijo tenía diez semanas de edad y ¡fue perfecto! Realmente me ayudó a animarlo a pasar tiempo boca abajo, y les enseñan muchas actividades que puedes hacer con tu bebé en casa. Debido a que puedes asistir varias veces durante la semana y la mayoría de los bebés tendrán la misma edad, es más probable que hagas buenas amigas allí.

Grupo de apoyo a la lactancia materna. La única vez que fui fue cuando mi bebé tuvo un poco de reflujo cuando tenía unos tres o cuatro meses de edad. Estaba completamente recuperada, vestida decentemente (recuerda el código de vestimenta de mamá), y era una profesional de la lactancia materna. Solo fui porque tenía preguntas. Todo el mundo me miró con esa mirada de "ni siquiera intentes hablarme", y lo entiendo. Yo hubiera sido igual en los primeros días, cuando uno está tan cansada y ansiosa. Todas tenían los pechos enormes y doloridos, y sus bebés eran tan pequeños que era difícil creer que eran reales. Mi bebé era el más grande cada vez que iba. Así que personalmente, no funcionó para mí como un lugar para conocer a nuevas mamás, pero las asesoras de lactancia fueron increíbles por darme consejos no solo sobre la lactancia materna, sino también sobre cómo dormir y fueron muy dulces con mi bebé.

Museo local. Puedes hacerte miembro de tu museo infantil local. Lo hice cuando mi hijo tenía unos siete meses y fue magnífico. Ve durante la semana para tener una mayor oportunidad de conocer a la gente local. Es un buen lugar para tener citas con mamás. Tú puedes estar al día con tus amigas en un ambiente seguro donde tus hijos podrán gatear, a diferencia de una tienda o restaurante donde tendrás que vigilarlos constantemente. Cuando tu bebé esté demasiado activo, ¡ve al museo!

Parques locales. No empecé a ir a los parques de mi área hasta que mi bebé tenía nueve meses y se arrastraba por todas partes. Ojalá hubiera ido antes. Es, según mi investigación personal, el mejor lugar para hacer amigas. Creo que hice un nueva amiga cada vez que fui, o al menos tuve conversaciones muy interesantes. (En este caso, "interesante" significa cosas como "¿cómo conseguiste que tu bebé durmiera toda la noche?") Para cuando empezamos a ir al parque, yo estaba más segura de mi nuevo rol de mamá, mi bebé ya estaba gateando, y yo estaba más consciente de iniciar conversaciones con otras mamás.

YMCA. Yo no utilicé personalmente esta opción, ya que soy miembro de un gimnasio muy cerca de mi casa, pero tengo amigas que van allí y les encanta, especialmente porque tienen una guardería gratuita mientras tú estás en el gimnasio. ¿Tomar una clase de Zumba con otras mamás mientras cuidan a tu bebé? ¡Suena increíble!

Sé persistente. No te desanimes y busca otro grupo si encuentras que uno no es bueno para ti. Hacer nuevas amigas mamás no sucederá de la noche a la mañana. Puedes ir durante el primer mes y sentir que no te llevas bien con nadie. Yo volvía a casa frustrada y le decía a mi marido: "Nadie es mi mercado meta". Seguí yendo a clases, tratando de aprender más sobre las mamás y las similitudes en las experiencias. Recuerdo haber preguntado a las madres: ¿Vas a volver a trabajar? No quería generar lazos con las madres trabajadoras porque sabía que no sabría nada de ellas después de la licencia de maternidad. Seguí yendo a clases, sin mucha esperanza. Un día fui a mi clase de ejercicios matutinos "mamá y yo", a la que no había ido en mucho tiempo. Decidí quedarme después de clase para que mi bebé pudiera jugar con los otros bebés, y empecé a hablar con una madre. Me preguntó si hablaba español, nuestros bebés tenían casi la misma edad y vivíamos en el mismo barrio. Tenía una personalidad encantadora y tranquila y me dije a mí misma: ¡finalmente! ¡Esta es mi chica! Había encontrado a mi primera amiga mami de verdad. Yo había estado yendo al mismo gimnasio durante seis años y no había hecho ni una sola amiga. Siempre me centré en hacer ejercicio y volver a casa. Pero en las clases para mamás, yo era abierta y amigable y, si me gustaba una mamá, le pedía su número o le contaba mis planes para la semana y le preguntaba si querían unirse a nosotros. A veces me sentía como un tipo tratando de encontrar una nueva novia en la ciudad. Pero valió la pena. Mi círculo social se amplió, y estas mujeres me dieron consejos y me contaron sobre nuevos lugares que habían descubierto para ir con sus bebés, ¡y mi bebé tenía más días de juego!

No olvides a tus viejas amigas

He vivido en Colombia y en Londres, y tengo amigas en San Diego que ahora viven en otras ciudades, así que tengo amigas en diferentes partes del mundo y en diferentes zonas horarias. Utilicé este tiempo como una oportunidad para reconectarme con ellas. Con aplicaciones como WhatsApp y FaceTime, no hay excusa para no hacerlo. Además, ¡tú eres el tema de moda en tu círculo social! Todo el mundo quiere saber cómo estás y lo adorable que es el bebé. No durará mucho tiempo, así que aprovecha esta oportunidad para ponerte al día con tus amigas, especialmente durante el tercer y cuarto mes, cuando ya has establecido una rutina y el bebé está tomando siestas más largas o varias siestas cortas durante el día (¡con suerte!). Me acerqué a unas amigas con las que no había estado en contacto desde hacía tiempo, debido a mi horario de trabajo y a las diferencias horarias. Fue agradable compartir historias de mi nueva vida como mamá y escuchar cómo les iba a ellas. Dicho esto, si quieres desaparecer del mundo durante un par de meses, es tu decisión. Solo recuerda que tener amigos y relaciones positivas es bueno para tu salud en general. Contacto de calidad con personas de calidad es lo que hace un impacto real en nuestra vida. Investigadores de la Universidad de Michigan que evaluaron a 3610 personas entre las edades de 24 y 96 años encontraron que incluso 10 minutos de interacción social mejoraron el rendimiento cognitivo.

El libro, *The Danish Way of Parenting* (La manera danesa de criar a los hijos) de Jessica Joelle Alexander e Iben Dissing Sandahl, menciona que, "cuando una mujer da a luz en Dinamarca, una partera local obtiene sus datos y se pone en contacto con ella en la primera semana para comprobar si ella y el bebé están bien. También da los nombres de las nuevas madres y los datos de contacto de todas las demás mujeres del vecindario que acaban de tener bebés. Estas mujeres forman grupos y se reúnen una vez a la semana para compartir sus experiencias y brindarse apoyo. Y ellos saben un par de cosas sobre la felicidad, ya que la Organización para la Cooperación y el Desarrollo Económico les ha votado como las personas más felices del mundo casi todos los años desde 1973.

Es un estereotipo que las madres que se quedan en casa están solas por una razón: tu puedes sentirte fácilmente aislada a menos que hagas un esfuerzo para prevenirlo. Cuando nos convertimos en madres, nos volvemos un poco más exigentes con respecto a con quién queremos pasar nuestro tiempo libre. Debes rodearte de personas que te valoren y que sean importantes para ti. De hecho, el Dr. David Spiegel, jefe del Departamento de Psiquiatría de Stanford, dijo: "Una de las mejores cosas que una mujer puede hacer por su salud es cultivar las relaciones con sus amigas".

También dijo que la investigación ha demostrado que crear y mantener relaciones personales de calidad con otros humanos es bueno para la salud física. Haz un compromiso con tus amigas. ¡No basta con que le hagas *like* a sus fotos en Facebook!

Código de mamá

Cuando las nuevas mamás se reúnen, hay una expectativa de que ciertos temas no se tocan, no menciones toda tu historia de cómo nació el bebé, o, peor aún, no se le pregunta a una nueva amiga mamá, "¿Tuviste un parto natural o una cesárea?" Si ella no tuvo una buena experiencia, no hablará contigo la próxima vez. Es un tema muy delicado. De hecho, me sorprendió que nadie en mi grupo de mamás me preguntara. En Colombia, esa es la primera pregunta que recibes.

Otras preguntas que hay que evitar: "¿Estás amamantando? ¿Cuánto tiempo piensas amamantar?" ¿Qué pasa si tu nueva amiga no puede amamantar y se siente mal por ello?

Nunca diga cosas como: "Mi bebé es avanzado, es muy inteligente" o "Tiene tres meses y ya lleva puesta ropa de seis meses". ¡Es tan grande! a la madre con un bebé pequeñito. No hagas preguntas y luego sigas con tu gran experiencia. ¿tu bebé no está comiendo bien? La mía come todo, ¡es una comedora aventurera! ¿tu bebé aún no ha dormido toda la noche? El mío ya duerme doce horas. Me desperté hoy a las 9 a.m.; somos tan afortunados. La gente a veces se jacta de sus experiencias positivas para sentirse mejor consigo misma. No caigas en esta trampa. Por supuesto, puedes mencionar tus experiencias positivas a tus nuevas amigas mamás, pero ten cuidado y sé sensible hacia los demás.

No ignores los mensajes de texto o las llamadas de otras mamás. Tuve un par de madres que ignoraron mis mensajes de texto para las citas de juego. A pesar de que no me molestaba, seguíamos encontrándonos y podía darme cuenta de que se sentían muy incómodas cuando me veían. Estarás haciendo las mismas actividades y yendo a los mismos lugares; ¡las posibilidades de verlas de nuevo son muy altas! Esto no significa que tienes que decir sí a cada invitación, pero se amable con todas las mamás que conozcas y siempre responde a un texto, incluso si es para declinar cortésmente una invitación. Y por supuesto, no te sientas mal por el "rechazo". No tienes que gustarle a todo el mundo, así como a ti no todo el mundo te agrada.

Evita ser parte de la controversia de la madre trabajadora contra la madre que se queda en casa. ¿Quién es más feliz? ¿Quién es más completa? La vida cambia día a día y ni siquiera podemos estar seguros de la situación en la que estaremos el próximo año. Apoyémonos mutuamente, intercambiemos experiencias y compartamos momentos enriquecedores entre nosotras y con nuestros bebés.

Si el bebé de tu amiga tiene un rasguño, una protuberancia o un mal corte de pelo (todo esto le sucedió a mi pobre ángel), no lo cuestiones con tu cara preocupada. Peor aún, no le preguntes al bebé lastimado de tu amiga con la voz de tu bebé: "¡Oh, no! ¿Qué te ha pasado, pequeñín?" Tranquila. Él está bien, gracias por tu preocupación, nos estamos encargando de esto. Es lo que tú querrás decir a este tipo de pregunta, pero simplemente, ignórala.

Y, por último, si ves a una mamá, amiga o extraña, con un lindo atuendo, con la piel radiante o con un estupendo aspecto general, díselo (solo si en verdad lo aprecias). ¡Le alegrarás el día!

Tu tiempo es sagrado, organízalo

Es muy fácil decir como madre primeriza "No tengo tiempo". ¿Pero es verdad o es solo una excusa? ¿Qué pasa cuando tu bebé duerme la siesta, cuando recibes ayuda de tu familia o amigos, o cuando lo acuestas en la noche? Sé consciente de tu tiempo. Es muy fácil hoy en día caer en la trampa de las redes sociales y en el acceso instantáneo en línea. Es muy tentador cuando tienes un minuto para ti misma tumbarte en el sofá y revisar tu teléfono. Y cuando menos te das cuenta, tu bebé está despierto y no lograste nada. (¡Pregúntame cómo lo sé!) A todos se les da el mismo número de horas en un día. Es cómo las usamos que es diferente.

Brian Tracy escribe en su libro *No Excuses* (Sin excusas): "La gestión del tiempo es una disciplina fundamental que determina en gran medida la calidad de tu vida. El manejo de tu tiempo es realmente la gestión de la vida, la gestión de uno mismo en lugar del tiempo o las circunstancias".

Incluso si no estamos trabajando, necesitamos administrar nuestro tiempo; en realidad, como no estamos trabajando, debemos ser más conscientes de nuestro tiempo. Es muy importante organizar nuestros días, semanas y fines de semana, e incluso nuestro tiempo libre.

Para los primeros meses, es difícil que planifiques tus días, ya que tu bebé establece tus horarios. Pero a partir del cuarto o quinto mes, cuando tu rutina de alimentación, sueño y juego esté más establecida y empieces a ir a las clases de mamá y yo, a hacer amigas mamá y a volver a tu rutina de ejercicios, siempre debes planear con anticipación. Lo que funciona para mí es visualizar lo que sigue. Los domingos, empiezo a pensar a qué clases de bebé voy a asistir en la próxima semana, y encuentro un espacio abierto en mi calendario para tener una cita de juegos con una amiga mamá, el jueves, voy al supermercado para no tener que hacer compras los fines de semana.

En su libro *The Productivity Project* (Proyecto de productividad), Chris Bailey escribe que la mejor técnica que ha encontrado para trabajar a propósito y con intención todos los días es la Regla de 3. Al principio de cada día, decide cuáles son las tres cosas que quieres lograr al final del día. Haz lo mismo al principio de cada semana. Pueden ser cosas simples como hacer una cita con el médico, algo tedioso como lavar la ropa, o una tarea más exigente como leer un libro o ir a una clase de spinning. Al final del día o de la semana, te alegrarás de haberlo logrado. El autor también señala que el Internet puede destruir tu productividad si no se tiene cuidado. Desconéctate. No es necesario que respondas a todos los mensajes de texto de forma inmediata, tampoco a un mensaje en Facebook, ni que revises Instagram cada 30 minutos. Cambia tu smartphone al modo avión. Chris Bailey valora demasiado su productividad para mantenerse conectado todo el tiempo y tú también deberías hacerlo.

Tómate un 'momento'

Si te sientes demasiado enganchada a tu teléfono, descarga la aplicación gratuita Moment, que registra exactamente cuánto tiempo pasas frente al teléfono. (Te sorprenderá cuánto tiempo pasas con él. (¡Yo me sorprendí!). Incluso te da un desglose de lo que hiciste exactamente en tu teléfono y te envía una notificación diaria sobre cuánto tiempo pasaste en él el día anterior, en comparación con hace dos días. Los iPhones te dan reportes del tiempo que has estado en el teléfono, pero esta app es más especializada. En su sitio, los creadores explican que a través de ejercicios cortos y diarios proporcionados a través de Moment Coach, ayudan a utilizar el teléfono de una manera saludable.

> Y funciona. Hasta ahora, Moment ha devuelto el tiempo a más de 7 millones de usuarios. Aquellos que se suscriben a Moment Coach ganan una hora de vuelta cada día siguiendo estrategias simples diseñadas para ayudarles a reimaginar su relación con su teléfono. ¿Qué significa esto para ti? Recuerda, hay un gran equipo detrás de cada aplicación que trabaja para engancharte y mantener tu atención el mayor tiempo posible. Suena un poco aterrador, ¿no? Descarga Moment, y si vas a buscar algo en línea, ve a eso y nada más. Enfócate en disfrutar de tu bebé, disfrutar de tus alrededores, disfrutar de tu vida.

Aparte de planear tu semana, es una buena idea planear también tus fines de semana. Yo suelo acompañar a mi marido a tomar una copa los viernes temprano en la tarde y planificamos nuestro fin de semana. Cuando llegamos a casa, escribimos el horario y actividades para el fin de semana en una pizarra en nuestro refrigerador. Si tienes planes por tu cuenta, este es un buen momento para hacerle saber que necesitas ayuda con el bebé y no hacer planes para ese día. A medida que planifican sus fines de semana juntos, el entusiasmo crece por sus planes en conjunto.

De la misma manera, cuando escribes las cosas, estás haciendo un compromiso real y es más probable que lo hagas. Este es el tipo de conversación que tenemos un sábado por la mañana:

8:45 a.m.: (Yo en pijama, tendida en el sofá, revisando mi teléfono).
Marido: "El tablero dice que ibas al gimnasio a las 9 a.m. y volvías a las 10 para que yo fuera después, ¡así que ve!"
8:46 a.m.: (Yo preparándome para ir al gimnasio.)

Tiempo libre

Como nueva mamá, estoy segura de que te estás riendo de este término, pero lo creas o no, tendrás tiempo libre. Es muy importante que te comprometas a descansar y a tener tiempo para ti misma dentro de tu nueva y loca vida. Al planear tus días con tu bebé, planifica también tu tiempo libre. Yo trato de hacer la cama y limpiar aquí y allá mientras el bebé está despierto, así no termino limpiando todo el tiempo que hace su siesta. Mientras estoy jugando con mi bebé, empiezo a decidir qué hacer durante su próxima siesta; ¿quiero hacer ejercicio, leer un libro, tomar una siesta? Una vez que mi bebé está durmiendo la siesta, no pierdo el tiempo y me dedico directamente a lo que estaba planeando hacer. Yo saco mi libro, preparo mi tapete de yoga o empiezo a juntar los ingredientes para una buena receta. Para lo que quieras usar tu tiempo libre, planifícalo y hazlo de inmediato. No pierdas el tiempo.

Brigid Schulte, autora del libro, *Overwhelmed: How to work, love, and play when no one has the time* (Abrumada: Cómo trabajar, amar y jugar cuando nadie tiene tiempo), menciona investigaciones que muestran que cuando la gente tienen un sentido de elección y control sobre lo que hace en su tiempo libre, es más propensa a entrar en el flujo, ese estado apasionante y atemporal que algunos llaman experiencia humana máxima. Parte del problema con el ocio es que la gente no está muy segura de lo que realmente quiere de su tiempo libre, y nunca disminuyen la velocidad lo suficiente como para darse cuenta. Solo piensa en lo que realmente quieres hacer y escríbelo. ¿Qué quieres experimentar durante tu tiempo libre? Sé honesta contigo misma y piensa en lo que podría hacerte increíblemente feliz.

Tiempo para hacer ejercicio

Una semana tiene 168 horas, bien puedes dedicar seis de ellas al ejercicio. Yo prefiero hacerlo por la noche, ya que durante el día estoy más concentrada en mi bebé, su comida y mi desordenada casa. Si tengo tiempo libre durante el día, me gusta usar ese tiempo para comer, leer y limpiar un poco o tomar una siesta corta.

Invierte tiempo en ti misma y tu cuerpo cambiará. No veas el ejercicio como una tarea, sino como una recompensa. Estar activa te ayuda a quemar calorías, mejorar el sueño y sentirte mejor contigo misma en general. Es un regalo para ti misma.

Trato de planear mis días con anticipación, y siempre trato de hacer algún tipo de ejercicio. Si sé que no tendré tiempo de ir al gimnasio esa noche, voy a una salida más larga con la carriola por la mañana, voy a la clase de Stroller Strides, o simplemente hago un par de poses de yoga al final del día para estirarme. Si hay días en los que realmente no tengo tiempo o energía, me digo a mí misma que está bien, que mañana es un nuevo día.

Necesitas estar siempre conectada a tu cuerpo, tal como lo estabas cuando estabas embarazada y sabías que necesitabas descansar, estirarte, dormir o comer más. Trata de escuchar lo que tu cuerpo necesita. Tu cuerpo siempre te está hablando. Algunos días es más beneficioso acostarte temprano y ponerse al día con el sueño que hacer ejercicio. Construye hábitos que sean buenos para tu bienestar a largo plazo. El ejercicio es uno de ellos. Comprométete a ello. Si dices "no tengo tiempo", estás diciendo que no tienes tiempo para sentirte mejor contigo misma. Usa bien tu tiempo.

Tu teléfono es tu asistente personal

Antes de mi bebé, nunca olvidaba nada: los cumpleaños de mis amigos, las citas con el médico, las cosas que hacer. Nunca necesité escribir la mayoría de las cosas. Ahora, confío en mi teléfono para todo, desde mi lista de compras, preguntas para mi pediatra, hasta ideas para este libro. Tan pronto como hago una cita, como quedarme de ver con una amiga o cuando recibo una invitación, está en mi teléfono inmediatamente. También pongo una alerta para recordármelo el día anterior. Configura alarmas para todos los cumpleaños de tus amigos (al menos los más cercanos). Puede que te olvides de un par de ellos este año, y tienes la mejor excusa, pero tus amigos apreciarán que no te hayas olvidado de ellos.

Rutina del bebé

Este no es un libro de cómo cuidar a tu bebé. No soy pediatra ni experta en bebés. Pero es importante para ti y para tu bebé que tengan una rutina, así que compartiré lo que funcionó para mí. Un libro que recomiendo es *The New Contented Little Baby Book: The Secret to Calm and Confident Parenting* (El nuevo libro del bebé contento: El secreto para una crianza tranquila y confiada) de Gina Ford.

Ella da rutinas diarias para el primer año de acuerdo a la edad de tu bebé. Debido a este libro, mi hijo toma una siesta ininterrumpida de dos horas y media por la tarde (tenía entre 12 y 13 meses cuando esto sucedió), y déjame decirte que las siestas de tu bebé son la clave para ser una mamá feliz que se queda en casa. (¡El día que esto acabe, voy a morir!).

Nuestro horario a los 9 meses:
7 a.m. Despertar; cambio de pañales
7:15 Dar pecho
7:30 Hora de jugar mientras le preparo el desayuno y un licuado para mí
8:00 Desayuno para el bebé
8:15 Limpiar al bebé, más tiempo para jugar
9:30 Hora de la siesta. Desayuno mientras miro las noticias, me organizo y le preparo el almuerzo (si no preparé algo el día anterior).
10:15 Cambio de pañales, clase de bebé, biblioteca, parque o una caminata en el cochecito.
11:45 Almuerzo para el bebé y dar pecho.
12:30-2:30 La siesta del bebé. Gracias, Señor.
Yo: Revisar el teléfono, comer, hacer llamadas telefónicas, lavar los platos, hacer ejercicios de estiramiento o leer un libro.
2:30 Dar pecho, luego actividad al aire libre
4:00 Snack para el bebé.
4:15-5:30 Hora de jugar con papá mientras yo preparo la cena y descanso un poco o voy a una clase del gimnasio. (Sí, lo sé. Tengo mucha suerte de que mi esposo empieza a trabajar temprano y vuelve a casa temprano.)

6:00 Cena del bebé

6:30 Bañar al bebé, amamantarlo y prepararlo para la cama, con ayuda de mi marido.

7:15 Respirar, recordar mi nombre, revisar mi teléfono

7:30 Cena con mi esposo, lavar los platos (a veces juntos)

8:00 Hacer ejercicio si no lo hice antes y si tengo energía; de lo contrario, ver televisión o conversar con mi esposo.

9-10 Trabajar en este libro

10 Ducha rápida, rutina de belleza, recoger el desorden de la casa

10:30 Meditar en la cama, dormir

Recuerda, tu bebé no es el único que necesita estar en un horario todos los días. Tú también deberías tener uno, y mantenerlo.

Pule a tu esposo como un diamante en bruto

"Haz el trabajo sucio. Un ser humano saldrá de tu esposa, así que ya ha hecho suficiente. Solo cambia los pañales".

— RYAN REYNOLDS SOBRE EL CONSEJO QUE LE DARÍA A LOS PADRES DESPUÉS DEL PARTO. (¡COMO SI NO LO AMÁRAMOS YA LO SUFICIENTE!)

Mi marido y yo nos conocimos en Londres en un club nocturno. Lo sé, suena ordinario. Ojalá lo hubiera conocido en un museo o en una biblioteca, a punto de tomar el mismo libro. Me habló en español con el más fuerte acento argentino, preguntándome si hablaba español. Le dije: "¡Sí! Y tú eres de Argentina, ¿no?". "No", dijo, "soy inglés". Yo le dije: "¡No, no lo eres!, eres de Argentina". Insistió en que era inglés, así que le pedí que me hablara en inglés y tan pronto como dijo "pardon", una palabra muy inglesa, con acento de Hugh Grant, le dije: "Vale, eres inglés". Resultó que había vivido en Buenos Aires durante ocho años. Hemos estado juntos desde entonces. Después de años de vivir en Londres, su trabajo le ofreció un traslado a San Diego. ¿San Diego? El único lugar en el que había estado antes en los Estados Unidos era Miami. Fui directamente a las imágenes de Google, y las primeras fotos que veo son las playas perfectas y soleadas. Después de siete años de inviernos fríos y ventosos y temperaturas de

Pule a tu esposo como un diamante en bruto

verano que promediaban los 20 °C, dije: "¡Listo, vamos!". Me recordó que no tendría amigos ni trabajo allí, pero le dije que no me importaba. Solo llévame a la playa. Sabía que me encantaría vivir en un lugar soleado. Y así es como terminamos en los Estados Unidos.

Mi esposo estuvo muy atento durante mi embarazo y después del nacimiento. Si tu esposo no te ayuda mucho con tu recién nacido (o en otras palabras, es inútil), podemos trabajar en eso.

Tu marido es como un diamante en bruto, y tienes que pulirlo para que brille. No puedes decirle a tu esposo que te ayude con la casa o que vaya a hacer la compras del mercado. Tienes que ser muy específica sobre lo que necesitas, como por ejemplo, "¿Podrías por favor sacar la basura, e ir a comprar pañales? Te enviaré la lista de compras para la comida. ¡Gracias!" Cuando se les dan tareas específicas, pueden realizarlas más fácilmente. Desde el principio, pídele que cambie pañales, que vista al bebé y que te ayude a bañarlo. Si no pueden hacer estas cosas, estarás condenada. No podrás salir con tus amigas hasta después de bañar al bebé ni dejar a tu bebé por determinado tiempo si no sabe cómo cambiar un pañal; tu bebé estaría en el mismo pañal durante seis horas. Y a menos que veas a tu esposo asfixiando a tu bebé con una cobijita, no señales cuando haga algo malo. No desanimes a tu esposo cuando ayuda. Si eres reacia a ceder responsabilidades o criticas los esfuerzos de tu esposo, él hará aún menos. Hazle sentir confianza en lo que hace. Cada vez que haga algo bien, dile: "¡Bien hecho, papá! Estás haciendo un trabajo increíble", las mismas palabras que te gustaría escuchar de vez en cuando. Incluso si tu mamá, tu hermana o una niñera te están ayudando, no dejes que tu esposo se olvide de las tareas del bebé. Esto le ayudará a establecer un vínculo con su hijo, y será de gran ayuda cuando estés cansada, necesites una siesta o salgas con amigas. Sabrás que él puede estar a cargo. Yo confío plenamente en mi marido. Él es aún mejor que yo para hacer que nuestro bebé se duerma. También tienen que ser considerados el uno con el otro. Tomen turnos. "Ve al gimnasio mientras yo cuido al bebé, y cuando vuelvas yo dormiré una siesta".

Ser pareja en igualdad de condiciones para criar al bebé y compartir las tareas domésticas no tiene nada de malo. Sí, él debe ayudar con las tareas domésticas; el hecho de que tú te quedes en casa no significa que no necesites ayuda. Lo necesitamos y lo merecemos. Las investigaciones han demostrado incluso que cuando los hombres y las mujeres comparten las tareas domésticas, ¡tienen más relaciones sexuales! Además, Sheryl Sandberg nos dice en su libro *Lean In: Women, Work and The Will to Lead* (Vayamos adelante: Las mujeres, el trabajo y la voluntad de liderar) que estudios muestran que los niños se benefician mucho de la participación paterna. La investigación muestra que en comparación con los niños con padres menos involucrados, los niños con padres más participativos tienen mejor bienestar y habilidades cognitivas, niveles más altos de logros educativos y económicos, y son más empáticos y socialmente competentes.

Encuentra formas de reconectarte con tu marido. Verifiquen el uno con el otro cómo están emocionalmente y mantengan las líneas de comunicación abiertas. Sean considerados el uno con el otro, y no olviden las ocasiones especiales: cumpleaños, Día del Padre y Día de la Madre, y aniversarios. Basa tu relación en el respeto, la admiración y la compasión. Es difícil ser una buena esposa cuando estás tan concentrada en ser una buena madre, pero debes hacer algo para tener una relación saludable. Por eso es tan importante que el bebé tenga un horario nocturno temprano. Los bebés necesitan horarios regulares para acostarse por su propia salud y para dar a los padres un descanso y una oportunidad de trabajar en ser pareja. Ustedes necesitan tiempo regular sin el bebé; esas horas de la noche son importantes (aunque a veces se usarán sabiamente para dormir más).

Hagan un pequeño ritual todos los días. Tengo una amiga que se baña con su marido todas las noches (eh… ok, ¡ellos no tienen hijos… todavía!). En nuestro caso, cenamos juntos, hablamos sobre nuestro día y vemos la televisión después de acostar al bebé. No revisamos nuestros teléfonos mientras comemos y solo vemos programas de televisión que nos gustan a los dos. Y cuando estés lista (generalmente toma más tiempo si estás amamantando), reconéctate contigo misma como mujer, con tu propia sensualidad. Compra una nueva fragancia, nueva lencería o un lápiz labial rojo para una noche de fiesta, y planea algo divertido con tu pareja.

Habrá desafíos, emociones fuertes y estrés. Todos ellos son una parte natural de ser padres. Pero al final del día, vale la pena el esfuerzo. Los autores de *And Baby Makes Three* (Y con el bebé son tres) John M. Gottman y Julie Gottman, lo dicen muy bien: el mejor regalo que puedes darle a tu bebé es una relación feliz y fuerte entre ustedes dos.

Mantente al día con el mundo

Tuve una amiga que vino a verme cuando mi bebé tenía unos meses. Me dio la gran noticia de que estaba embarazada. Estaba tan emocionada por ella y también por saber que mi hijo iba a tener un nuevo amigo. Hablamos sobre todas las cosas que tienes que hacer en el primer trimestre.

Se me ocurrió mencionarle todas las celebridades que estaban embarazadas en esa época. ¡Mencioné como unas diez! Mi amiga se sorprendió de que yo supiera tantos nombres, y no en el mejor de los sentidos. Me sentí un poco avergonzada y le confesé que era lo que hacía en mi tiempo libre. Ella me dijo: "Sí, yo también quemé algunas neuronas cuando vivía en el extranjero con mi marido y no trabajaba". No lo dijo con mala intención, pero me hizo pensar. ¿Estaba en riesgo de perder mi función cerebral solo porque ya no estaba trabajando? En mi defensa, esto fue cuando mi bebé tenía tres meses de edad y me estaba despertando a la idea de ser mamá. Además, ¿qué más haces cuando amamantas cada dos o tres horas por 20 minutos cada seno? (¿Eh, *People en Español?*) Como dije antes, puedes dejarlo pasar por las primeras semanas o meses, pero luego tienes que ponerte al día y mantenerte al día con el mundo. El hecho de que seas una madre que se queda en casa no significa que seas rechazada por la sociedad. Nunca dejes de crecer intelectualmente. Alimenta tu intelecto todos los días.

Mantente al día con el mundo

Ve o lee las noticias. Hay muchas aplicaciones y boletines con las noticias más destacadas del día. Mis favoritos son el New York Times, Buzzfeed News, y, mi súper favorito, theSkimm, en español, Telemundo, El País o New York Times en Español. Además, cuando estoy en la fila de Starbucks o esperando mi turno, trato de escanear la primera página del New York Times. Te da una idea de las noticias más importantes del día y toneladas de puntos de inicio de conversación, además de tu nueva fuente de alegría. ¿Sabías que hoy fue el día más caluroso de la historia en la India? ¡120 grados Fahrenheit. Guau!

Mantenerte al día con los acontecimientos actuales te permite hablar con tus amigos sobre otras cosas que no sean tus experiencias como madre, el extraño sarpullido que le apareció hace dos días a tu hijo y su estreñimiento. Para este tipo de conversación, escoge a una amiga muy cercana o, mejor aún, a un pariente.

Ya sea que obtengas información de la radio, la televisión, sitios web o de un rápido escaneo de tu periódico local, es importante saber lo que está sucediendo en todo el mundo, y no estoy hablando de quién es la nueva novia de Leonardo DiCaprio. No solo te proporcionará temas de conversación, sino que te expondrá a información que te ayudará a ti y a tu hijo, como los retiros de productos para bebés, los peligros para los niños, las preocupaciones sobre la salud del bebé y los estudios recientes sobre bebés y los niños pequeños. Yo personalmente me beneficié de toda esa información. Dicho esto, no necesitas saber todo lo que sucede en el mundo. No necesitas leer cada alerta de noticias o cada detalle de las noticias que te interesan. Tienes suficientes preocupaciones y poco tiempo. Además, existe una alta probabilidad de seas más sensible a las noticias malas o tristes. Sé selectiva con los medios que elijas y el tiempo que inviertas en ellos.

Arte y Cultura. Aprecia la forma en que los demás observan el mundo. Visita museos. Ve al cine (trata de buscar películas independientes) y escucha música, prestando mucha atención a las letras. Lee biografías de personas que admiras u otros libros sobre cualquier tema que te interese. Leer un libro puede ser una gran distracción y mantendrá tu intelecto despierto; cuando lo termines, te sentirás realizada. Me encanta leer y tuve que leer mucho para escribir este libro. Mi meta era leer tres libros y escuchar un audiolibro cada mes. Un libro por mes es una meta factible.

Me gustó mucho ir con mi hijo al zoológico, al museo de los niños y a los parques, y llevarlo a la playa, pero también necesitaba "alimentarme". Trata de hacer algo cultural por lo menos una vez al mes con tu esposo, un miembro de la familia o amigos.

Le estás enseñando a tu bebé tantas cosas nuevas todos los días; ¡tómate un tiempo para también tú aprender cosas! Haz un plan para averiguar cómo puedes encontrar tiempo para explorar tus intereses.

No compartas de más en las redes sociales

"Con Twitter, Facebook y WhatsApp, ¿quién tiene tiempo para relajarse? La vida se ha convertido en una búsqueda constante de estímulos externos sin una hoja de ruta hacia el interior".

— GABRIELLE BERNSTEIN, *ADD MORE -ING TO YOUR LIFE*
(AGREGAR MÁS ACCIÓN A TU VIDA)

Lo siento si esto suena severo, pero no eres la única mujer en el mundo que acaba de tener un bebé y los únicos que piensan que tu bebé es el más lindo del mundo son tú y tu familia más cercana. Ellos son los únicos que quieren recibir actualizaciones sobre tu bebé a diario. Es una elección muy personal, pero me pregunto cómo me sentiría si hubiera miles de fotos de mí cuando era niña en la web. Según una encuesta, los padres publicarán casi 1000 fotos de sus hijos en línea antes de que el niño cumpla 5 años. Considera lo que podría sucederle a nuestros bebés cuando sean mayores; todos sabrán su historia. Si todavía quieres compartir tu felicidad con el mundo en línea, adelante, pero trata de no publicar fotos todos los días ni te quejes ni alardees sobre la maternidad.

Mantenerse alejada de las redes sociales ahorra tiempo y también puede ahorrarte la trampa de la "comparación". Aunque tengas un bebé, podrías tener un poco de envidia de que tu amiga soltera publique fotos de su viaje a Italia o de la fiesta que te perdiste en la que todas tus amigas se ven increíbles. Todo el mundo está ocupado creando una vida digital que realmente no existe, y es difícil no comparar nuestras vidas con las de los demás. Más aún, la atracción de las redes sociales puede llegar a niveles preocupantes. No es por ser dramática, pero tú podrías distraerte hasta el punto de que, en el peor de los casos, descuides a tu hijo.

Un estudio de la Universidad del Sur de Gales presentado en el 2017 revela que recibir "me gusta" en las redes sociales no hace que las personas se sientan mejor consigo mismas o que mejoren su estado de ánimo si están deprimidas. Además, Tristan Harris, antiguo ejecutivo de Google y cofundador del movimiento Time Well Spent www.humanetech.com, mencionó durante su TED Talk en abril de 2017 que las aplicaciones en nuestros teléfonos pueden hacer que la gente se sienta insatisfecha con su vida.

Algo que realmente funciona para mí es que no tengo la aplicación de Facebook en mi teléfono. Cada vez que quiero ver Facebook, tengo que ir a la página web e iniciar sesión. (¡No me atrevería a hacer eso con mi aplicación de Amazon! incluso tiene mi huella dactilar). Eso lo hace más difícil para mí y a veces no me tomo la molestia de hacerlo. Es como cuando realmente quieres comprar algo en línea y estás a punto de comprarlo y te das cuenta de que no tienen PayPal. (¿Cómo es que los sitios web o las empresas no tienen PayPal? ¡Esto de verdad que no lo entiendo!) Eres demasiado perezosa para buscar tu tarjeta y te olvidas de la compra.

Recuerda, como dice la escritora americana Annie Dillard: "La forma en que vives tus días es la forma en que vives tu vida". ¿Quieres vivir tu vida en Facebook? Las redes sociales no son reales; es lo que la gente quiere que veas. No te compares con tus amigas (o amigas de amigas). Solo haz lo mejor que puedas y agradece lo que tienes. Mark Twain dijo: "La comparación es la muerte de la alegría". Las redes sociales pueden ser entretenidas, pero la gente se consume demasiado. No estoy sugiriendo que dejes las redes sociales. Sin embargo, ten en cuenta el tiempo que pasas en ellas, y por favor, a menos que estés publicando la primera foto de tu recién nacido, nunca uses el hashtag #bendecida. Es fastidioso.

Para terminar este capítulo sobre cómo mantenerse al día con el mundo, recuerda: no chismosees.

"Las grandes mentes discuten ideas; las mentes comunes discuten eventos; las mentes pequeñas discuten personas".

— ELEANOR ROOSEVELT

Si no te gusta, ¡déjalo!

No, no estoy hablando de alguien. Estoy hablando de despejar tu casa. Cuando escuchas esta palabra, puede que solo pienses en tu closet, pero ¿qué pasa con el resto? Si no has leído *The Life-Changing Magic of Tidying Up* (La magia de ordenar tu vida) de Marie Kondo, te lo recomiendo, o bueno, aquí te lo resumo: uno de los mejores consejos que recibí de este libro fue: "Deberíamos elegir lo que queremos conservar, no de lo que queremos deshacernos. Toma cada cosa en la mano y pregúntate a ti misma: '¿Esto despierta alegría en mí? Si lo hace, quédatelo. Si no, deshazte de él". Yo aplique este método y déjame decirte, me deshice de un montón de cosas innecesarias. Kondo recomienda clasificar por categorías, no por ubicación. Comienza con ropa y termina con recuerdos, y te sorprenderá cuánta basura tienes. Y por último, hazlo un festival, no una tarea (lo que probablemente no se aplica a las nuevas mamás, para quienes la mayor alegría es dormir). Kondo recomienda que se deseche y se ordene todo de una sola vez, tan pronto como sea posible, pero para nosotras, las madres ocupadas, esto no es realista. Si estás embarazada y te sientes bien (y tienes un marido muy servicial), por favor, sigue este consejo. Yo lo hice con mi marido antes de que llegara el bebé y eliminamos muchas cosas innecesarias. Tienes que hacer espacio para todo el equipamiento de tu bebé. Según la Asociación Estadounidense de Jabón y Detergentes (National Soap and

Detergent Association), deshacerse del desorden elimina el 40 por ciento de las tareas domésticas en una casa de tamaño promedio.

Trata de revisar si hay un tumulto de cosas cada semana, incluyendo las cosas de tu bebé. Presta cosas que ya no necesitas a tus amigas embarazadas (¡siempre hay una!). Si estás planeando tener una familia más grande, guarda las cosas hasta que las necesites de nuevo. En cada armario, ten una caja para donaciones para cualquier cosa que le quede pequeña o que no quieras más.

La parte más importante de esto es el mantenimiento. Limpia sobre la marcha. Acostúmbrate a poner todo en su sitio al final del día. Nosotros no nos preocupamos tanto por los juguetes, libros o cosas que nuestro hijo saca durante el día. Nos aseguramos de que la cocina esté siempre limpia y de que hagamos nuestra cama y mantengamos nuestra habitación limpia. A la hora de acostar al bebé, mi esposo limpia mientras yo lo pongo a dormir o viceversa. También dedico diez minutos al final de la noche limpiando y asegurándome de tener las cosas listas para el día siguiente. Entre más hago por la noche, menos tengo que hacer en mis mañanas locas. Tal vez sea imposible tener una casa perfectamente limpia con un recién nacido y todo el caos que trae consigo, pero al menos sabrás que tienes solo lo que necesitas. Además, te hace pensar dos veces cuando quieres comprar más cosas.

También me gusta tener un proyecto semanal, algo pequeño: limpiar el cajón de mi joyería o el botiquín de medicamentos (tira los que han caducado), deshacerme de la ropa que ya no uso, purgar el estante de los zapatos, organizar el almacenamiento de cereales (recientemente he puesto todos mis cereales en recipientes de vidrio y me encanta). Solo hago una de estas tareas a la semana, y solo cuando tengo tiempo extra, como cuando mi bebé está durmiendo más de lo normal. Además, pídele a tu esposo que sea responsable de sus propias pertenencias. Ya tienes suficientes cosas que recoger después de tu bebé.

Organiza tu casa de manera que tu vida diaria sea más fácil. Si es posible, derrocha en favor de tu cordura y paga por la ayuda de un servicio de limpieza, una vez al mes, dos veces al mes o semanalmente. Yo tengo ayuda una vez a la semana y ella es una bendición. Si es posible, comprométela a un cierto día durante la semana, para que no tengas que pensar más en ello. Además de sus tareas regulares, dale un proyecto específico cada vez que venga. Escoge algo que tú no quieras hacer: limpiar las ventanas, el horno, una pared. Si crees que no puedes pagarlo, ¿estás segura? Renuncia a Starbucks, cancela tu televisión por cable, viste a tu bebé solo de Carter's en rebaja, hipoteca tu casa. Bueno, estoy bromeando un poco, pero por favor, encuentra una forma, al menos una vez al mes. De lo contrario, asegúrate de dividir las tareas domésticas entre tu esposo y tú, especialmente los primeros meses.

La única manera de organizar el tumulto de papel

Deshazte de él. Solo necesitas papeles esenciales como declaraciones de impuestos, documentos de la hipoteca, títulos de automóviles y un archivo para tu bebé con sus documentos. Regístrate para obtener facturación electrónica y pagar en línea. Si estás embarazada y estás leyendo esto, hazlo ahora.

No es necesario que guardes instrucciones en papel de nada; puedes encontrarlas en línea, o mejor aún, YouTube te mostrará cómo usar el k'tan de tu bebé. Si vives en Estados Unidos, puedes registrar tu dirección en DMachoice.org para detener el correo chatarra por categoría (tarjetas de crédito, catálogos, etc.) o por comerciante individual. El correo chatarra debe ir directamente a la basura y hay que desechar los periódicos y catálogos inmediatamente después de leerlos. Alrededor del 80 por ciento de lo que archivamos nunca se vuelve a ver, según la Asociación Estadounidense de Organizadores Profesionales. Igualmente, busca libros no leídos, revistas y libros que pertenecen a otra persona. ¡Devuélvelos!

Un auto limpio es una mamá feliz

Además de tu casa, debes también limpiar tu auto regularmente. Tú y tu bebé pasarán mucho tiempo allí. No lo sobrecargues con objetos y basura.

Lávalo regularmente (pídele a tu encantador esposo que lo lleve al lavadero de autos) y saca todo lo acumulado siempre que puedas. De acuerdo con mi propia investigación, el 96 por ciento de las veces llevarás el asiento de niño para auto con tu bebé durmiendo y no tendrás la oportunidad de llevar nada más contigo. Pero cuando conduzcas sola o regreses a tu auto después de acostar a tu bebé, aprovecha la oportunidad para limpiarlo. No hagas de tu auto tu segundo hogar. Solo guarda una muda de ropa de tu bebé, pañales, toallitas húmedas, bloqueador solar (si tu bebé tiene más de seis meses) y una bolsa pequeña para la basura. Yo tengo una bolsa pequeña que puse en la consola central. Por favor, no tires la basura en el piso del auto.

Usa toallitas húmedas para limpiar regularmente las superficies duras y eliminar el polvo y la suciedad (piensa en los pequeños pulmones del bebé). Las toallitas para bebés son tan efectivas como las toallitas para automóviles, y tienen la ventaja de que no contienen ingredientes químicos. Tengo una bolsita de ellas al lado del asiento de mi bebé y otra en la guantera. Me gusta hacer esto cuando estoy cargando gasolina. También vacío la bolsa de basura de mi auto y cualquier basura que veo mientras se llena el tanque. Haz de esto un hábito.

Meditación y atención plena

"Porque se siente bien. Como cuando tienes que apagar tu computadora, cuando se vuelve loca, simplemente la apagas y cuando la enciendes, está bien de nuevo. Eso es lo que la meditación es para mí".

— ELLEN DEGENERES, CUANDO SE LE PREGUNTÓ EN EL *TODAY SHOW* POR QUÉ MEDITA.

Es imposible ignorar todos los beneficios de la meditación. Hay muchos estudios y demasiado rumor al respecto como para ignorarla. Tú tienes que cultivar tu mente y tener un entendimiento profundo de ti misma.

Empecé a meditar justo antes de empezar a tratar de quedar embarazada. Estaba en medio de una crisis laboral, y me estaba poniendo ansiosa sobre si tener o no un bebé. Llegue a un punto en el que sentía que no podía respirar entre mis nuevas responsabilidades laborales y el pensar… ¿De verdad puedo tener un bebé? ¿Qué sucede si no puedo quedar embarazada o si quedo embarazada de inmediato? ¿Cómo me preparo? ¿Qué voy a hacer? Una amiga mía me recomendó meditar un tiempo atrás debido a mi personalidad Virgo "todo tiene que ser perfecto". Busqué en Google "Meditación San Diego". Para mi sorpresa, encontré varios sitios web y me puse en contacto con el más cercano a mi casa. Me inscribí por un mes. Fui tres veces a la semana a una sesión de 40 minutos y medité 8 minutos por la noche en los días que no podía ir. Desafortunadamente, dejé de ir después de la tercera semana. Ni siquiera duré el mes entero, y luego el centro de meditación cambió de locación y me quedó mucho más lejos de mi trabajo. Me encantaría decirte que cambió mi vida completamente y que soy una persona más tranquila y enfocada que medita todos los días, pero en lo que se refiere a la meditación, soy un trabajo en progreso. Me ayudó a ser consciente del momento y a estar más conectada con mi respiración. Y me quedan muy claros sus beneficios. Tengo tantas cosas en la cabeza que batallo por comprometerme a ese nivel, y ese es el propósito principal de la meditación, el de despejar tu cerebro. Los neurocientíficos de Harvard descubrieron que la materia gris de la gente se expandía después de solo ocho semanas de meditación, yoga o simplemente por notar cómo se sentía su cuerpos durante solo 27 minutos al día.

Si crees que la meditación es complicada, no te desanimes; incluso el Dalai Lama confesó en la reunión anual de la Society for Neuroscience en Washington en noviembre de 2005 que para él la meditación es un trabajo complicado.

Muchas personas recomiendan meditar a primera hora por la mañana, pero eso es imposible para mí, ya que mi bebé me despierta todos los días a las 6 a.m. Prefiero hacerlo por la noche. Como mencioné en el capítulo anterior, si estoy haciendo yoga en casa, medito después, o justo antes de irme a dormir. Me siento tranquilamente en una posición cómoda con los pies en el suelo, o me acuesto boca arriba. Se recomienda que prestes atención a tu contacto con el suelo para forzarte a engranarte y a estar presente antes de empezar tu trabajo de respiración. Con las piernas cruzadas y las manos en el regazo, relajo la cara y cierro los ojos. Me concentro en mi respiración. Respiro profundamente tres veces con la boca cerrada y luego me imagino muchas nubes en movimiento. Cada pensamiento que tengo – qué clima habrá mañana, qué necesito en la tienda de comestibles, lista de llamadas, saqué la ropa de bebé de la lavadora – me imagino que esos pensamientos son nubes que van y vienen, y luego con suavidad vuelvo a prestar atención a mi respiración. Busco concentrarme en mi respiración, en sentir el aire entrando y saliendo de mi cuerpo, y realmente me concentro en cuando el aire está pasando a través de las fosas nasales (o lo que sea más claro para ti, pecho o abdomen). Este tipo de meditación es llamado atención plena o vipassana. Las principiantes deben concentrarse en un solo objeto de atención, como la respiración. La idea es hacerlo por ocho minutos, solo ocho minutos antes de irte a la cama. Ok, tal vez cuatro antes de que te estrelles de cansancio. Solo inténtalo. Además, al principio del día, tómate un par de minutos (o incluso un momento antes de ir a recoger a tu bebé que probablemente está llorando) para recitar una meta o intención para tu vida.

Tú cuidas tu cuerpo a través del ejercicio y la buena nutrición; de la misma manera, cuida tu mente e incluso tu espiritualidad a través de la meditación. La práctica te permitirá reajustar la mente y reorganizar tu energía. La meditación hace que tu vida sea más tranquila, más feliz y más enfocada, y no tiene por qué ser intimidante. Aprendes a estar en el momento y a practicar la paciencia, lo cual te será útil en el futuro cercano cuando tu niño empiece a caminar y a correr.

Si sientes que puede tener un gran impacto en tu vida, y tienes el tiempo para comprometerte seriamente con ello, investiga qué centros de meditación hay en tu área. Los estudios de yoga también ofrecen meditación guiada. Si solo quieres probarlo, hay muchas aplicaciones que te guiarán a través de la meditación. Aquí están algunas de mis recomendaciones (que están en inglés):

* Buddhify
* Calm (Mi favorita)
* Headspace (La más popular)
* Insight Timer (Tiene opciones en español)

También recomiendo las meditaciones guiadas de María José Flaqué. Puedes encontrarlas en el sitio web www.mujerholistica.com. Su libro *Mujer holística*, tuvo un gran impacto en mi vida. Tengo la versión de audio e impresa y la leo/escucho al menos una vez al mes.

¿Qué hay de la atención plena?

Si la meditación te parece un compromiso demasiado grande para ti, empieza por estar atenta. No es más fácil, pero es un comienzo más sencillo. La atención plena *(mindfulness)* puede ser una forma de meditación (meditación con atención, como mencioné anteriormente), pero también existe la simple atención plena. No hay una sola definición para la atención plena, pero en general, es vivir en el momento presente, dando toda tu atención a lo que está sucediendo ahora mismo – sin juzgar – solo vivir y desapasionadamente observar tu entorno, sensaciones y pensamientos. La atención plena es una forma de vivir, y la meditación es la práctica que nos ayuda a nutrir y a cultivar la atención plena.(¿Sabes cuánto tuve que leer para darme cuenta de esto? Incluso terminé viendo el *Oprah SuperSoul Sunday* en línea, lo que recomiendo encarecidamente).

Mindfulness es un estado que tu puedes cultivar en cualquier lugar, en cualquier momento, mientras desayunas, caminas con tu cochecito, esperas en la fila para tu turno, o haces ejercicio. Suena fácil pero en este mundo de multitareas y acceso digital instantáneo, y especialmente como madres nuevas y ocupadas (algunas de nosotras ansiosas), la atención absoluta a una cosa a la vez puede ser pedir demasiado. Cuántas veces estás en medio de la clase de yoga más asombrosa y en lugar de concentrarte en tu respiración o en tus movimientos, estás pensando... ¿Cuánto dura esta clase? Realmente necesito comprar más ropa de entrenamiento, ¿cuándo puedo ir? Necesito una pedicura, también... *¡y comprar más toallitas húmedas para mi bebe!* La atención plena es esa conexión más profunda con el presente. Significa estar realmente presente con tu bebé, incluso cuando estás cambiando un pañal (hay muchas mamás que darían cualquier cosa por cambiar un pañal más). Nada de revisar tu teléfono cada cinco minutos. Permanece en el momento presente en todo lo que haces en tu vida diaria. Presta más atención. Toma todo lo que está sucediendo a tu alrededor tan completamente como puedas, y recuerda, sin juicios.

Como explica Bhante Gunaratana en su libro *Mindfulness in Plain English,* (Mindfulness en inglés sencillo): "Cultivas la atención plena recordándote a ti mismo constantemente de una manera delicada que tienes que mantener conciencia de lo que está sucediendo en este momento. La atención plena se cultiva volviendo constantemente a un estado de conciencia, con delicadeza, con delicadeza". El beneficio, según el autor, es que "la atención plena nos da tiempo, el tiempo nos da opciones. No tenemos que ser llevados por nuestros sentimientos. Podemos responder con sabiduría en lugar de con ideas delirantes". ¡Guau! Realmente necesito estar más atenta!

No me malinterpretes: estar en atención plena es un desafío, es más difícil que sentarse con los ojos cerrados durante diez minutos. Pero al mismo tiempo, cuán gratificante sería construir la inestimable capacidad de vivir realmente en el momento, y en paz en nuestros días de locura y ajetreo, y de no dejar que nuestras emociones saquen lo mejor de nosotras. Esa es la atención plena, amiga mía, y por lo tanto, la felicidad.

Si todo lo demás falla, solo respira...

En la atención plena, la respiración es un ejercicio de conciencia. Cuando estás estresada, tu respiración cambia ya que menos oxígeno entra en tu torrente sanguíneo. La respiración es un vehículo para regresar al yo.

Prueba la respiración alterna de las fosas nasales, también conocida como Nadi Shodhana (que significa limpiar los canales de circulación). Según Rebecca Pacheco, instructora de yoga y autora de *Do Your Om Thing: Bending Yoga Tradition to Fit Your Modern Life,* (Doblar la tradición del yoga para que se ajuste a tu vida moderna), este tipo de respiración hace que la gente se sienta más despierta. "Es casi como una taza de café", dijo Pacheco en una entrevista. Esta técnica de respiración resetea la mente, el cuerpo y las emociones. Te traerá de vuelta a tu centro. Es tan poderosa que Hillary Clinton recurrió a esta práctica para curarse de su devastadora pérdida en las elecciones presidenciales. (Quiero decir, si la ayudó a ella, ¡podría ayudarte a ti!)

Respira profundamente y exhala por la nariz. Inhala por la fosa nasal izquierda, cubriendo la fosa nasal derecha con el pulgar derecho. Cubre la fosa nasal izquierda con el pulgar izquierdo para exhalar a través de la fosa nasal derecha. Pausa. Mantén la fosa nasal derecha abierta, inhala lentamente y luego ciérrela con el pulgar. Pausa. Exhala lentamente por la izquierda. Es un ciclo. Repite de tres a cinco veces.

El camino del yoga

Antes de mi embarazo, debo confesar que no era yo fanática del yoga. Pensaba que era aburrido. Para mantenerme activa, prefería el entrenamiento con pesas y correr. En ese momento, me gustaban las carreras largas y había completado cuatro medios maratones y un triatlón de estilo olímpico.

Pero algo pasó cuando empecé con las clases de yoga durante mi embarazo. Descubrí que era una gran manera de estirarse y relajarse, y realmente disfruté esos últimos cinco minutos de meditación que me permitían conectarme con mi bebé. Más tarde, después de tener a mi bebé, sentí que el cardio y hacer pesas todavía era demasiado para mí, así que seguí yendo al yoga; y al final, ¡me enamoré! El yoga es un estado de conexión que calma la mente. Como cualquier otra disciplina, no te hará sentirte feliz y completa después de tu primera clase. Pero conforme avanza tu práctica, estarás más presente y apacible.

Como madre de un recién nacido, el yoga puede ayudarte a reconectarte contigo misma y a descubrir quién eres en esta nueva realidad. Recuerda, si te cuidas a ti misma, estarás lista para cuidar a tu bebé y tendrás más paciencia para enfrentar los retos del día.

Además, hay un alivio inmediato después del yoga. Puedes sentirlo en los brazos y en la espalda, que merecen un gran estiramiento después de sostener y alimentar a un bebé recién nacido, y en las piernas, que ganarán fuerza. Y si tuviste un parto vaginal, el yoga puede ayudarte a volver a reacomodar tu área pélvica, y eso puede mejorar tu deseo sexual, algo que tú y tu pareja disfrutarán. Desde mi época de embarazo, el yoga me ha ayudado a sobrepasar las sorpresas de ser mamá. Esta práctica te será útil especialmente una vez que tu recién nacido pase a ser un niño pequeño lleno de energía.

Entonces, ¿por dónde empezar? Si no lo has probado antes, o lo has probado y no te ha gustado, por favor inténtalo al menos tres veces durante una semana para decidir si es realmente para ti. Si eres miembro de un gimnasio, casi todos los gimnasios tienen clases de yoga. También puedes unirte a un estudio de yoga. Si simplemente no puedes dejar el hogar, compra un tapete de yoga y ve YouTube para aprender algunas poses.

El siguiente paso será encontrar el tipo de yoga que más te convenga. Todos pueden mejorar tu fuerza, flexibilidad y equilibrio. Hatha, restaurativa, y yin yoga son excelentes para principiantes y vinyasa es mejor para los practicantes más avanzados. Aquí está una breve descripción de algunos tipos de yoga:

Hatha
Generalmente, esta clase será una introducción suave a las posturas más básicas del yoga. Probablemente ni sudarás, saldrás de la clase sintiendo el efecto de los estiramientos, pero relajada.

Yin Yoga
Busca esto si quieres estirarte mientras calmas y equilibras tu cuerpo y tu mente, en otras palabras, tu Zen. Las posturas de Yin yoga se llevan a cabo durante varios minutos a la vez y pueden ayudarte a restaurar longitud y elasticidad.

Restaurativa
Esta es una práctica de movimientos lentos con mayor tiempo de sostenimiento que le dará a tu cuerpo la oportunidad de una relajación más

profunda. Mientras sostienes tu cuerpo con accesorios, como mantas, almohadones y bloques, puede ayudarte a reparar tus músculos, aliviar tu mente y relajar tus huesos.

Vinyasa y Ashtanga

Tal vez porque soy muy activa y me gusta sentirme como si estuviera haciendo ejercicio, vinyasa es mi yoga favorito. Las clases de vinyasa tienen poses de movimiento intenso y secuencias que están ligadas a la respiración y a la transición sin problemas. La intensidad es similar a la del Ashtanga, pero no hay dos clases de vinyasa iguales. En contraste, el Ashtanga siempre tiene las mismas poses en el mismo orden. Ambas son prácticas calientes, sudorosas y físicamente exigentes.

Bikram y Hot Yoga

Ni el Bikram ni el yoga caliente son mis favoritos personales, pero ambos te harán sudar ¡a chorros! Personalmente, considero que las clases de Bikram son demasiado largas y aburridas. Todas las clases de Bikram siguen la misma serie de 26 poses durante 90 minutos dentro de una habitación con calefacción. El yoga caliente también es en una habitación con calefacción, pero la secuencia es ligeramente diferente. Debido a que las clases son tan largas y físicamente desafiantes, no las recomendaría para una nueva madre. Sin embargo, empecé a practicar yoga caliente siete meses después de tener a mi bebé y eso definitivamente me ayudó a sudar algunos kilos de más y me ayudó a recuperar la forma.

Ahora que sabes qué tipo de yoga te conviene más, puedes establecer tu propia rutina y adaptarla a tus objetivos o a tu estado de ánimo dependiendo del día.

Si realmente quieres practicar yoga pero el dinero y el tiempo son escasos, puedes probar estos populares canales de YouTube; todo lo que necesitas es un tapete, una buena conexión Wi-Fi y un espíritu aventurero.

* MalovaElena: Elena te ofrece secuencias de yoga para todos los gustos y niveles. Además de rutinas cardiovasculares localizadas, tonificación y flexibilidad.

* Brenda Medina: Fue bailarina de ballet profesional, se enfoca mucho en cómo funciona el cuerpo, ella comparte sus experiencias y tips para mejorar tu práctica de yoga y llevarla de la manera más segura. También encontrarás consejos simples de nutrición y ricas recetas.

Mis posturas favoritas de yoga

Postura del Perro Hacia Abajo

Postura del Guerrero   **Postura del Triángulo**

Las mejores posturas para las espaldas doloridas

Postura del Gato y La Vaca

Postura El Niño   **Postura Bebé Feliz**
(balanceándose de lado a lado)

Incluso si no tienes mucho tiempo para hacer ejercicio o si te sientes cansada y agitada después de un largo día de cuidar a tu bebé, tómate tu tiempo para ti misma mientras tu bebé duerme, practica yoga. Si puedes, ve a una sala, con la luz apagada y haz un par de poses y luego medita con música baja durante ocho minutos.

Finalmente, recuerda no ser crítica contigo misma cuando practiques yoga. No se trata de rendimiento, se trata de la práctica. Lo bueno del yoga es que no hay juicios, ni competencia, ni comparación. Tanto el yoga como la meditación acarrean mayor autoconciencia. Y nunca olvides: si puedes respirar, puedes hacer yoga.

Únete a un grupo

¡Y no me refiero a otro grupo de bebés! Ahora que no estás trabajando, considera unirte a una asociación o grupo de apoyo relacionado con algo que te apasiona. Yo fui parte del grupo Latina Giving Circle de San Diego, que tiene la misión de reunir a las latinas de San Diego que quieren elevar, celebrar y compartir las tradiciones filantrópicas y los valores de la comunidad latina. Me uní a esta organización sin fines de lucro cuando todavía trabajaba como una forma de establecer contactos para mi trabajo, y para apoyar a mi comunidad. Me involucré siete meses después de tener a mi bebé. Me convertí en miembro del grupo de liderazgo, fui a sus reuniones mensuales (a veces con mi bebé) y me ofrecí como voluntaria para ser la organizadora de las reuniones mensuales del grupo. Es estupendo sentirse parte de una comunidad, adquirir conocimientos, entrar en una nueva escena social y encontrar nuevas amigas mamás. También te ayudará a hacer conexiones si quieres volver al mundo corporativo. Tendrás la oportunidad de discutir otras cosas además de los temas del bebé y, lo más importante, ¡te divertirás!

Reconéctate con la naturaleza y descubre tu ciudad

"Contempla la naturaleza a fondo y todo lo entenderás mejor".

— ALBERT EINSTEIN

Después de tener a mi bebé, me apetecía el contacto con la naturaleza y me gustaba mucho ir a espacios abiertos rodeada de naturaleza. Tuve la suerte de vivir en San Diego durante el primer año de vida de mi bebé y de tener la oportunidad de desarrollar actividades al aire libre con él durante todo el año. Aunque había vivido en San Diego – el condado más biodiverso de Estados Unidos – durante seis años antes de que mi bebé naciera, yo había estado trabajando todo el tiempo. Esta fue mi oportunidad de conocer los parques, los patios de recreo y las tranquilas playas de mi comunidad. Me sentí tan feliz por mi bebé que podía perseguir patos y conejos en un parque, jugar con la arena en la playa y estar expuesto a paisajes tan asombrosos.

Debes estar siempre consciente de tu entorno, del aire que respiras, del sonido alrededor. Habla con tu bebé sobre todo lo que está viendo. Ve al parque, siéntate junto a un árbol, dale de comer, acuéstalo para su siesta y concéntrate en el mundo natural que te rodea. Vive en el momento. Trata de meditar durante tres a cinco minutos o simplemente respira profundamente. Te recargarás de energía.

Me encanta descubrir nuevos espacios abiertos para llevar a mi hijo. Vamos al increíble Balboa Park al menos una vez a la semana. Pero San Diego no es la única ciudad con grandes espacios al aire libre; aprovecha la ciudad donde vives. Te sorprenderás al descubrir tantos lugares que son buenos para tu bebé que no conocías antes. No importa si has vivido en la misma ciudad toda tu vida o si te acabas de mudar ahí.

En uno de mis grupos de mamás, conocí a una fabulosa mamá de Nueva York. Acababa de llegar a San Diego en invierno (cuando la temperatura promedio es de 18 °C), y se quejaba de que no había muchas cosas que hacer con los niños en San Diego. ¡No podía creerlo! Le dije que no podía imaginar lo que haría con niños en Nueva York durante el invierno. Ella me mencionó con entusiasmo varias actividades, lo que demuestra que tú solo necesitas explorar y descubrir espacios nuevos en el lugar donde vives (no solo museos para niños), parques, el zoológico, bibliotecas, acuarios, parques infantiles, restaurantes para niños, galerías de arte, mercados al aire libre, espectáculos para niños y piscinas públicas, incluso cuando piensas que tu bebé es demasiado pequeño para disfrutar de esas cosas. Tengo una amiga, madre de gemelos, que solía llevar a sus hijas de 5 meses al museo de los niños. Se sentaba con una manta en una parte del museo que tenía instrumentos musicales suaves para que los niños jugaran. Sus hijas se divertían escuchando nuevos sonidos, mirando colores brillantes, pasando el tiempo bocabajo y mirando a otros niños. Está bien si no quieres hacer eso los primeros meses, pero en algún momento, necesitas salir. ¡Es bueno para el bebé y es bueno para ti!

Toma tu vitamina N

En su libro *Vitamin N,* Richard Louv escribe que los profesionales de la salud están prescribiendo o recomendando tiempo de naturaleza para sus pacientes y dice que la investigación indica que las experiencias en el mundo natural estimulan el sistema inmunológico y sirven como un complemento para la depresión y la ansiedad. La principal ventaja para la salud es que nos saca del sofá y nos invita a movernos, y refuerza su punto de vista diciendo: sentarse es el nuevo hábito de fumar y la solución es un ejercicio rodeada de espacios verdes y naturales.

Crea y guarda preciosos recuerdos

Una vez al día, una vez a la semana, o por lo menos un par de días al mes, asegúrate de que tus recuerdos como nueva mamá sean grabados para que puedas verlos más tarde. Una amiga muy querida vino a verme cuando mi bebé estaba de dos semanas, y me dio un pequeño libro azul, un diario para los próximos cinco años. Me encantó ese regalo y ahora trato de darles uno a mis amigas que acaban de tener un bebé. Algunos días estoy demasiado cansada para escribir o me olvido. Hubo dos meses enteros en los que no escribí mucho, y luego me arrepentí. A pesar de que tengo fotos de casi todos los días con mi bebé, es bueno saber qué estaba pasando por mi mente ese día o qué cosita linda hizo, o tener la fecha exacta de un momento especial.

Hay muchas maneras de registrar los recuerdos de tu bebé. Estos son algunos de mis favoritos:

Shutterfly (en Estados Unidos). Yo hice un álbum sobre mi embarazo y el primer año de mi bebé. Es muy fácil de hacer, y la calidad de las fotos es asombrosa, incluso usando fotos de tu teléfono. También hice un álbum del bebé para mis padres como regalo de Navidad. Debes estar atenta a las promociones especiales. Normalmente espero hasta que encuentro un cupón del 50 por ciento. Mantén tus álbumes simples. Usa fondos blancos y solo incluye las fotos más significativas y por supuesto lindas de tu bebé (yo lo sé, ¡es muy difícil escoger!) Normalmente hago una página por cada mes, y dos páginas para incluir vacaciones, ocasiones especiales o sesiones fotográficas profesionales. No añado símbolos, calcomanías ni frases, ya que esto lleva más tiempo. Cuando hago un álbum, normalmente paso dos horas haciendo el diseño y subiendo las fotos y otra hora eligiendo las fotos. Trabajo en ello de 15 a 30 minutos por día hasta que está terminado.

Lifecake. Como Facebook, pero solo para tu familia y amigos más cercanos, para compartir solo las fotos y videos de tus hijos.

Foto del mes. Yo ponía a mi bebé con un *onesie* blanco y le ponía una linda etiqueta en el pecho con el número del mes que estaba cumpliendo. Trataba de tomar la foto en el mismo lugar cada mes, con todas mis persianas abiertas y por la mañana para obtener la misma luz. Me gusta solo un simple onesie porque puedo ver los cambios en sus adorables piernas regordetas y por la consistencia de cada foto. Puedes conseguir las pegatinas en Amazon o en Etsy. También hay bloques y mantas con los números. Cada vez hay cosas más creativas. Cada "día de cumple mes", grababa un video de mi bebé en el que mencionaba sus hitos recientes, lo que le gustaba o no le gustaba en ese momento, o cosas lindas y divertidas que había hecho.

Fotos profesionales. Tuve unas tres días después de que mi bebé naciera y otra cuando tenía siete meses de edad y era capaz de mantener la cabeza en alto. Para su primera fiesta de cumpleaños, le di mi cámara profesional (que nunca utilizo) a algunos de nuestros amigos más cercanos (¡los que yo sabía que tenían talento!) y les pedí que nos sacaran buenas fotos.

No te olvides de grabar tus archivos. Yo perdí las fotos de mi bebé entre los meses 8 y 11 cuando derramé agua en mi teléfono. (¡No, no el bebé, fui yo!) Cuando fui a la Genious Bar de Apple (¡no tan genio, porque no pudieron recuperar mis fotos!) el empleado me habló de una mujer que había pagado 2500 dólares para poder recuperar sus fotos. Había perdido todas las fotos de su bebé desde el nacimiento hasta los seis meses (yo creo que yo también los hubiera pagado). Afortunadamente, había enviado todas las fotos a mi familia, y mi padre las tenía todas en la nube. (¿Cómo puede mi padre usar el iCloud y yo no?)

Saca a jugar a tu niña interior

Shonda Rhimes, la autora de algunos de los programas más populares de la televisión *(Anatomía de Grey, Escándalo* y *Cómo salirse con la suya con el asesinato),* reveló en una charla de TED que ella recuperó su pasión con la ayuda de sus hijos. Tenía el trabajo de sus sueños, pero de alguna manera su chispa había desaparecido y no podía volver a arrancar el motor. Un día su hija menor le dijo: "Mamá, ¿quieres jugar? Rhimes decidió dejar de trabajar y simplemente jugar con sus hijos, y dice que aprender a decir sí para jugar le salvó la vida y su carrera. Hacer una pausa para jugar con sus hijos, recargó sus baterías y le devolvió la pasión. Rhimes tiene toda la razón; el juego es bueno para nosotros. Alivia el estrés, aumenta la creatividad, mejora la función cerebral, mejora nuestras relaciones y nos hace sentir jóvenes y enérgicos. "Trabajar menos, jugar más" es lo que sugieren los expertos. Estamos hablando ahora de que la falta de juego afecta de la misma manera que la privación del sueño; es malo para ti. Como madres que se quedan en casa, es muy fácil ir a jugar con tu bebé, pero también es importante que jueguen por su cuenta. Sé espontánea, relájate y ábrete a nuevas mini-aventuras. Hay una razón por la cual las clases de arte y artesanía son tan populares hoy en día y los libros para colorear para adultos se están convirtiendo en *best sellers*. Incluso, los investigadores de la Universidad Johns Hopkins sugieren colorear como una alternativa a la meditación. ¡Es hora de abrazar a tu niña interior y ponerte a jugar!

Explora con tu bebé

Busca lugares en los que nunca hayas estado antes. Descubre cosas nuevas con tu bebé. Ve a dar un paseo que nunca has realizado, prueba una nueva clase para bebés (por lo general, la primera clase es gratuita) o, si dispones de medios económicos, compra una membresía del zoológico o del museo. Ten una cita de picnic con tu hijo: trae comida y una manta, juguetes y un libro o revista para cuando duerma la siesta. En casa, pon algo de música y baila con tu bebé (le encantará verte bailar). A mí personalmente me encantaba ir al parque de juegos. Disfruté bajar por el tobogán con mi hijo o columpiarme a su lado. No había hecho eso en mucho, mucho tiempo. Fingí que lo hacía solo para unirme a él, ¡pero en realidad lo estaba disfrutando! Déjate llevar y siéntete como una niña de nuevo; ¡tienes la mejor excusa! Y recuerda que una familia que juega junta se mantiene unida. A veces veo a padres cansados en el parque de juegos con una taza de café, sentados solo observando a sus hijos, diciéndoles a dónde pueden o no pueden ir. ¡Yo también soy culpable de esto! A medida que crecen, no tienes que estar tan cerca todo el tiempo, pero cuando el bebé comienza a caminar (entre los 10 y 15 meses), trata de involucrarte más. No te limites a estar cerca de ellos, sino que juega con ellos. Corre con ellos, no detrás de ellos. Juega al escondite o al avión en medio del parque, ¡a quién le importa quién te vea! Sé más como tu bebé, a quien no le importa si se ve ridículo y no se preocupa si lo estás juzgando o no. Diviértete con tu bebé. El juego crea alegría, y también es la forma en que tu hijo desarrolla habilidades cruciales para la felicidad futura.

Tus propias citas para jugar

El juego es esencial no solo para tu hijo. Encuentra maneras de *jugar* o de ir a *citas de juego* por tu cuenta. Antes de tener a mi bebé, invité a una amiga mamá, cuyos bebés tenían 10 meses y 2 años de edad, a una clase de pintura. Cuando terminamos la clase, me dijo medio avergonzada, medio excitada, que era la primera vez que hacía algo sin sus hijos. Fue un poco desconcertante para mí. Me prometí a mí misma que seguiría divirtiéndome después de tener hijos, y he cumplido mi promesa. No me he olvidado de mí misma. No salgo con amigas hasta las 3 a.m., pero me aseguro de tener tiempo para mí y hago cosas divertidas con mis amigas. La primera vez que dejé a mi bebé con una niñera durante unas horas, me fui a hacer *paddle boarding* con una amiga durante dos horas. Fue magnífico. Estaba poniéndome al día con ella, haciendo ejercicio, en contacto con la naturaleza y haciendo algo divertido y desafiante. (En un momento dado, me di cuenta de que estaba en el medio del océano sin teléfono celular y empecé a entrar en pánico sobre cómo la niñera iba a contactarme en caso de una emergencia. Digamos que remé muy rápido de regreso.) En otra ocasión, una amiga mía muy querida decidió celebrar su cumpleaños con una clase de baile y me pidió que me uniera a ella. Le dije: "¿Por qué no?" Fue súper divertido y me inspiró a tomar la clase de baile en el gimnasio que siempre quise pero que nunca me había animado.

Piensa fuera de lo común. ¡Es bueno para tu cerebro! Yo aceptaba cualquier invitación divertida de mis amigas y nuevas amigas mamás. Un estudio conjunto de 2016 realizado por la Universidad de Sussex y la London School of Economics muestra que relajarse y descansar no es la mejor manera de ser feliz; es mejor estar activo. Las actividades como hacer ejercicio o ir al teatro son más efectivas. Dedica tiempo a las cosas que disfrutas, haz un esfuerzo consciente para aumentar tu gozo y hacer las cosas que te encantan. Tómate un tiempo para reconfortar tu alma. Encontrar tiempo para uno mismo requiere compromiso, creatividad y determinación, pero vale la pena.

Haz tiempo para descansar: nadie más lo hará por ti

También trata de tener algún tiempo de inactividad todos los días. Estar atenta y en silencio durante al menos 30 minutos literalmente expande tu cerebro y te ayuda a restaurar tu energía. Como madres, necesitamos quietud. La Dra. Meg Meeker, en su libro *10 Hábitos de las madres felices*, dice: "La serenidad centra y produce una paz profunda que no se puede alcanzar mientras se está inmerso en el buen ruido de los amigos y la familia o en el terrible ruido de los medios de comunicación. Debemos retirarnos a la quietud para aprender a ser las mujeres que estamos llamadas a ser".

Hay que comprometerse a tener tiempo libre, y hay que entender que este tiempo es muy valioso. Si quieres leer un libro, ir a una clase de yoga, o incluso tomar una siesta, respeta este tiempo. Piensa sobre lo que realmente quieres hacer y asegúrate de darte tiempo para esto. Con un bebé, tienes que planear con anticipación. Si no planeas tu tiempo libre, te verás abrumada por todas las opciones y, como siempre estás cansada, es más probable que termines en tu sofá revisando tu teléfono. Y no te sientas culpable de tomar tiempo libre porque tu esposo es el sostén de la familia. Tú has estado cuidando a tu bebé todo el día. Te mereces un descanso.

Encuentra tu pasión

Quien mira hacia afuera, sueña; quien mira hacia adentro, despierta.

— CARL JUNG

Antes de tener a mi hijo, trabajé en ventas de medios durante doce años en Londres y en San Diego. Para ser honesta, no era mi verdadera pasión, pero como extranjera en ambos países con el inglés como mi segundo idioma, y con la presión de ganarme la vida, el trabajo más fácil era siempre las ventas, aunque tengo una maestría en marketing y una licenciatura en periodismo. Solía consolarme con la idea de que me había quedado en mi campo, al menos, haciendo ventas de medios. Nunca imaginé mi carrera ni en qué quería tener éxito. Había tenido esos objetivos en mi país, pero una vez que me mudé a Londres (donde primero tuve que aprender el idioma) y luego a San Diego (donde llegué en el 2008, durante la peor recesión desde la Gran Depresión, ¡muchas gracias!). Me sentí afortunada de haber encontrado un trabajo. Era buena en ventas. Disfruté de la adrenalina que trae cerrar un trato y las comisiones, pero mi corazón no estaba en ello.

Mi esposo y yo siempre habíamos planeado que cuando tuviéramos una familia, me quedaría en casa, al menos por un par de años, especialmente porque no tenemos ninguna familia viviendo en nuestra ciudad.

Encuentra tu pasión

Estaba contenta con nuestra decisión hasta que estaba embarazada de doce semanas y en un viaje de negocios a Nueva York. Durante mi vuelo, leí un libro que una amiga me recomendó tiempo atrás: *Lean In: Women, Work and The Will to Lead* de Sheryl Sandberg, directora de operaciones de Facebook. No podría haber escogido un peor libro para leer. No me malinterpreten, el libro es fantástico, muy poderoso e inspirador, pero como mujer embarazada a punto de dejar su trabajo y su carrera, fue una elección terrible. Según *Lean In,* después de tener un bebé, cuanto más satisfecha esté una mujer con su posición, menos probable es que se vaya. "Con la mejor de las intenciones, terminan en un trabajo que es menos completo y menos atractivo. Cuando tienen un hijo, la elección – para las que lo tienen – es entre ser una madre que se queda en casa o volver a una situación profesional poco atractiva". Sandberg no podría haber explicado mejor mi situación. Después de leer su libro, aterricé en la cosmopolita Nueva York para cenar con la Directora Multicultural de Macy's y otros altos ejecutivos de marketing y directores de agencias en un restaurante muy elegante. Todos ellos hablaron sobre lo maravilloso, desafiante y emocionante que era su trabajo. Después de cenar, volví a mi hotel y llamé a mi marido.

Yo: (Llorando histéricamente – recuerda, 12 semanas de embarazo–) "No quiero dejar de trabajar. Puedo hacer que funcione. Puedo encontrar a alguien que cuide al bebé. Quiero llegar a la cima. Quiero sentarme a la mesa. "¡Quiero ir hacia adelante!"

Mi marido: "¿Sentarme a la mesa? ¿Ir hacia adelante? ¿De qué diablos estás hablando?"

Todos sabemos cómo termina esta historia. Volví a la realidad en San Diego. Seguí trabajando durante cinco meses y, después de que nació mi bebé, no volví. Al final, estaba feliz y consciente de mi decisión y me sentí bendecida por haber tenido la oportunidad de pasar tanto tiempo con mi niño.

Estoy de acuerdo con Sandberg en muchos temas de su libro sobre los beneficios para las mujeres que no abandonan sus carreras. Pero después de trabajar de 8 a.m. a 5 p.m. durante doce años en una profesión que no me trajo alegría, necesitaba encontrar otra manera de alcanzar todo mi potencial y tal vez, obtener un ingreso. Siempre me ha gustado leer y, como no tenía ni idea sobre bebés, leí todos los libros que pude encontrar cuando estaba embarazada. Consideré que todos ellos fueron muy útiles, pero después de tener a mi bebé, no pude encontrar libros sobre cómo cuidarme a mí misma. Empecé a leer libros sobre los temas que me interesaban: pérdida de peso, cuidado de la piel, manejo del tiempo, maternidad, autoayuda, espiritualidad, estilo de vida saludable y cocina, así como libros de madres famosas. Me fascinaron algunas de las obras que leí y me decepcionaron otros. De repente, tuve una idea: ¿qué tal si escribo un libro sobre mi experiencia como madre, las cosas que he aprendido y que nadie me ha contado? Surgió tan fácilmente. Después de tener a mi hijo, varias amigas quedaron embarazadas y siempre fui yo la que daba consejos (a veces no solicitados; ¡lo siento!). Siempre he sido una adicta a los productos de belleza, y había adoptado un estilo de vida muy saludable viviendo en California. Me encanta leer y, aunque no había escrito mucho antes, siempre me ha resultado natural.

Solo te estoy diciendo esto para mostrarte que tú también puedes encontrar tu verdadera pasión. Piensa en aquello en lo que eres muy hábil. ¿Qué te gustaría hacer si pudieras hacer que ocurriera? ¿Qué querías ser cuando estudiabas? ¿Cuál fue el trabajo soñado que se perdió porque tuviste que tomar un trabajo para pagar las cuentas y luego, a medida que crecías con la compañía o la industria, nunca te fuiste? Es un nuevo comienzo para ti. Aunque no estés pensando en trabajar durante los próximos años, ¿qué tal si estudias algo? ¿Sabes que puedes tomar cursos en línea? Tengo amigas que han obtenido títulos de maestría de universidades en España, ¡solo ingresando en línea desde Colombia! Si no quieres llegar tan lejos, todavía puedes leer sobre el tema que te apasiona. Si tienes tiempo para las redes sociales o para tu programa semanal de televisión, tienes tiempo para leer, estudiar y practicar. Asegúrate de aprender algo todos los días o al menos cada semana. Comprométete a leer, escuchar programas de audio y ampliar tu base de conocimientos.

Ahora tienes tiempo para pensar en lo que realmente quieres acomodar en tu vida. ¿Qué es lo que te hace sentir más viva? ¿Qué te trae alegría, compromiso, satisfacción? Se trata de ser la mejor versión de ti misma. Realmente tienes que cavar profundo para descubrir qué es lo que te apasiona hacer.

Tú puedes divertirte persiguiendo tu verdadera pasión y puede que encuentres tu próxima aventura de negocios. ¿Cómo te ves en cinco años? Sé que es difícil pensar en la próxima hora, pero el tiempo pasa tan rápido y lo siguiente que sabes es que estarás esperando a que tus hijos regresen a casa del jardín de niños. ¿Te gustaría tener más bebés? ¿Te gustaría volver a trabajar? ¿Qué tipo de trabajo te gustaría? ¿Qué tipo de negocio podrías empezar por tu cuenta? ¿O qué es lo que te gustaría tomar como un hobby serio?

Si eres una artista, ¿qué tal si trabajas en algunas muestras y las vendes online o a algunos amigos para empezar? ¿Eres famosa por tus postres saludables? ¿Por qué no empiezas a venderlos a algún panadero local o a tus amigas para sus fiestas? Si te gusta organizar eventos, ¿qué te parece si organizas eventos para tus amigas? Obtén la certificación como instructora de yoga que siempre quisiste o conviértete en consultora del área en la que trabajabas antes de tener a tu bebé. Una vez estuve en un grupo de mamás y la pregunta del día fue: "¿Para qué te gustaría tener más tiempo y hacerlo por tu cuenta?" Sorprendentemente, la mayoría dijo que ir de compras. Me considero bastante buena con la ropa. No compartí esto, pero pensé que podría ser una compradora personal para estas chicas. No perseguí esa idea de mini empresa, pero demuestra que siempre hay oportunidades si mantienes los ojos abiertos. ¿Cuántas madres que se quedan en casa son millonarias porque pensaron y desarrollaron un producto que no podían encontrar para sus bebés?

Por favor, ten en cuenta que dije "pensaron y desarrollaron". No basta con reconocer cuál es tu verdadera pasión. Una vez que la reconozcas, tienes que trabajar en ello, practicar y dedicarle tiempo diariamente, si puedes. Cuando yo veo estas sensaciones de Instagram sobre fotografía, jardinería, pastelería, moda, sé que ellos trabajan arduamente. Actualizan sus perfiles y buscan buenas fotos e ideas todos los días. (¡Creo que yo me quedaría sin ideas después de dos semanas!) Si no publican, etiquetan, consiguen más seguidores, o traen algo nuevo cada día, se pierden. Estoy segura de que tienen mucho éxito porque son apasionados y disciplinados. ¡Y ahora están ganando dinero con ello! Si quieres conseguir ser mejor en cualquier cosa, tienes que practicar, y la autodisciplina es imprescindible.

El orador motivacional Brian Tracy dice en su libro *No Excuses* (Sin excusas) "Al practicar la autodisciplina, te conviertes en una persona nueva. Te vuelves mejor, más fuerte y más claramente definido. Desarrollas niveles más altos de autoestima, amor propio y orgullo personal". Para reforzar la idea de la autodisciplina, Tracy también dice que le preguntó a Kop Kopmeyer, quien es una leyenda en el ámbito del éxito y los logros, ¿cuál es el principio más importante del éxito que ha descubierto? y Kopmeyer citó al escritor estadounidense Elbert Hubbard, quien en 1900 dijo: "La autodisciplina es la capacidad de hacer lo que debes hacer, cuándo debes hacerlo, así te apetezca o no".

El elemento más importante en el desarrollo de una experiencia es tu voluntad de practicar. Me comprometí a escribir una hora al día o 2000 palabras por semana y así es como nació este libro, ¿Estuve comprometida con mi meta? Sí. ¿Siempre logre mis metas? No. A veces me llevaba un mes escribir 2000 palabras. Pero incluso cuando la vida se interponía en mi camino, me comprometí a volver al trabajo cuando pudiera. Hay que ser dedicada y entusiasta, y la disciplina es la clave. La disciplina es simplemente saber elegir entre lo que quieres ahora y lo que quieres en el futuro. Según el libro de Gretchen Rubin *The Happiness Project* (Proyecto Felicidad), los estudios sobre la felicidad dictan que hacer tiempo para una pasión y tratarla como una prioridad real en lugar de como un "extra" para hacer cuando tienes tiempo libre traerá un tremendo aumento de felicidad. Entonces, ¿qué estás esperando? Piensa sobre lo que realmente quieres lograr en la vida y haz tiempo para ello. Sin excusas. Deja de perder el tiempo viendo la televisión, navegando por Internet o revisando tu teléfono. Te sientes más viva cuando aprendes, creas o descubres algo. Es también una oportunidad para crecimiento personal. La vida se trata de empujarse a uno misma y convertirse en una mejor persona cada vez. Ahora tienes un hijo,

Encuentra tu pasión

y eso puede ser más que una motivación para soñar a lo grande y alcanzar todo tu potencial. Y lo mejor es que como estás haciendo algo que es realmente tu pasión, encontrarás el tiempo para hacerlo. No se ha terminado para ti, el bebé es la fuerza; esto es solo el principio.

Podrías estar leyendo este capítulo y pensando: "Lo siento, estoy demasiado cansada para encontrar mi pasión. Lo único que quiero es encontrar mi café en la mañana". Busca algo que te llegue de forma natural, algo que ponga a prueba tu nivel de habilidad, pero no hasta el punto de hacerte sentir abrumada, y luego actúa en esa dirección, día a día, hasta que te encuentres inmersa en tu dicha. Si te asusta un poco, está bien, solo sigue adelante. No tienes que buscar tu pasión. Mira dentro de ti y haz lo que disfrutes y te encontrará. ¡A mí, me encontró!

Poco después de empezar a escribir este libro, llevé el entonces nuevo libro de Elizabeth Gilbert, *Big Magic* (Libera tu magia) a unas soleadas vacaciones en Cabo con mi familia. En ese momento tenía temores y dudas sobre mi libro. ¿Vale la pena? ¿Será una pérdida de tiempo? Esta parte realmente me inspiró a seguir adelante. Espero que te ayude a ti también.

"Quiero vivir la vida temporal más vívidamente decorada que pueda. No me refiero solo a lo físico, sino a lo emocional, lo espiritual y lo intelectual. No quiero tener miedo de los colores brillantes, o de los nuevos sonidos, o del gran amor, o de las decisiones arriesgadas. Voy a pasar tanto tiempo como pueda creando cosas agradables a partir de mi existencia porque eso es lo que me despierta y eso es lo que me da vida".

— ELIZABETH GILBERT, BIG MAGIC.

Palabras finales

Cuando estaba embarazada y preparándome para tener a mi bebé, quería controlarlo todo. Pero desde el día en que nació, me di cuenta de que no puedo y que es mejor soltar las cosas, estar comprometida con la vida y hacer cosas con mi hijo y por mi cuenta que me mantengan activa y me den una sensación de plenitud.

Durante el primer año de la vida de mi hijo, yo fui diferentes tipos de mamá. Primero, era Eco Mom con un plan de parto natural, píldoras de placenta (sí, tome píldoras de placenta. No te lo dije antes porque temía que me juzgaras) no paraba de amamantar ni de hacer yoga. Luego pasé a la fase de mamá preocupada ¿Por qué mi bebé no está gateando todavía? Les preguntaba a otras mamás de mi grupo de mamás qué edad tenían sus bebés, solo para compararlos con mi bebé. ¿Es tan grande, alto y activo? Tomaba mi puré de calabacín casero cuando salíamos y seguía a mi bebé por el patio de juegos con un desinfectante para manos. Finalmente, logré la fase de Chill Mom, una mamá tranquila que se cuida a sí misma, va a aventuras todos los días y redescubre el mundo a través de los ojos de su hijo. Comemos *croissants* de chocolate (de vez en cuando), le pongo en el canal de Disney cuando se despierta demasiado temprano (aunque todavía no le interese), y simplemente pongo un pañal y unas toallitas en mi bolso. (por favor nota, no bolsa de pañales) cuando salimos. Nunca

Palabras finales

he llegado a la etapa de Súper Mamá, ya que nunca me vi a mí misma como tal.

Ya que puedo manejar mi día como yo quiera (aparte de elegir a qué hora me levanto, ¡gracias, hijo!), aprendí la importancia de la autodisciplina, de crear buenos hábitos y de ser consistente. Recuerda, las personas exitosas tienen buenos hábitos. Ayudan a determinar quiénes somos. Cuanto más consecuente seas, más cerca estarás de tus metas. Los malos hábitos son fáciles de crear, pero es fácil vivir con ellos. Los buenos hábitos requieren un gran esfuerzo para crearlos y son aún más difíciles de mantener, pero harán transformaciones asombrosas en tu vida. Es importante para todo, desde hábitos alimenticios saludables hasta una piel radiante o incluso hacer nuevos amigos. No puedes esperar ir a una clase de mamá y bebé y encontrarte con tu alma gemela. No puedes lavarte la cara de vez en cuando y tener la piel radiante. Toma una decisión, y hazla parte de tus actividades diarias regulares, hazla parte de tu vida. Haz una rutina de ejercicio de 30 minutos todos los días, bebe agua caliente con limón por la mañana, reúnete con una amiga una vez a la semana, llega a tiempo cuando te reúnas con tus amigas, lee un libro al mes, haz una mascarilla facial y capilar una vez a la semana, bebe más agua y come alimentos más nutritivos durante el día. Cuando sientas que estás en control de tu mente y cuerpo, te sentirás más feliz, más consciente y más satisfecha.

Empieza cada día con gratitud. Cuando estás agradecida por lo que tienes ahora mismo, empiezas a poner todo en perspectiva. Aprecia todo. Puedes pasar por este primer año como mamá como un zombi (oirás a muchas mamás decir que desearían haber disfrutado más del primer año de su bebé, o que apenas recuerdan algo) o puedes traer pasión a todo lo que haces (todo, incluso a las tareas domésticas). Mantente presente todo el tiempo que tienes con tu bebé, y cultiva una vida espiritual caracterizada por el optimismo, la certeza y la felicidad.

Hay tantas cosas que puedes hacer mientras tu bebé duerme la siesta, duerme por la noche, y no seas demasiado orgullosa o temerosa de pedir ayuda a tu familia y amigos. No pierdas la sed de aprender o de crear cosas; siempre hay algo que hacer. Es una oportunidad para llegar a ser la mejor versión de ti misma: más feliz, más saludable y más interesante. Nunca volverás a ser la misma persona. Ya eres una mamá, pero eso no tiene que significar pantalones de gimnasio, ojeras, pelo desordenado, camiseta, y ni una pista de lo que está sucediendo en el mundo. (A pesar de que a todas se nos permite tener esos días – o semanas – de vez en cuando.) Dicho esto, no te presiones a ti misma para que lo hagas todo y lo hagas perfectamente todo el tiempo. Sé gentil contigo misma; cuídate. Necesitas la energía. No confíes en tu bebé para tu completa realización. Sí, tu bebé es lo más importante del mundo, pero no aplaces cosas porque no tienes tiempo para ti. Como dijo una vez Michelle Obama, "Te tienes que priorizar a ti misma, de lo contrario empezarás a caer más bajo en tu lista". Cultiva tus propios intereses, tus pasiones y tus relaciones adultas. Disfruta de las cosas que te hacen sentir ilusionada y comprometida con la vida. Nunca olvides quién eres. Haz cosas que te recuerden quién eres fuera de tu vida diaria como madre; hacerlo es saludable para toda tu familia. Tu esposo y tu bebé disfrutarán más estando cerca de ti.

No me malinterpretes, el primer año como madre es arduo. Pone a prueba tus límites. Pero es una oportunidad para que tu mejor yo brille y para que te des cuenta de lo fuerte que eres. Así que sé una ama de casa orgullosa, sé agradecida, respira profundo, vive de forma saludable, vístete con estilo, sé eternamente curiosa, sigue tu pasión, vive el presente, no te compliques, ámate a ti misma y... hazlo todo de nuevo. Todos los días.

Al terminar de escribir este libro, mi hijo tenía 1 año de edad, 21 libras, 30 pulgadas, y seis dientes. En cuanto a mí, perdí todo el peso del embarazo y un poco más, debido a una exótica combinación de amamantar durante 12 meses, perseguir a mi bebé gateando a los 6 meses, caminando a los 11 meses y ahora ¡corriendo! Y finalmente, comenzó a dormir toda la noche pocas semanas antes de su primer cumpleaños (¡gracias!). Mi abdomen está plano y mi pelo no se ha caído, pero es posible que tenga algunas arrugas nuevas en los ojos, gracias a los 11 meses de sueño interrumpido. He vuelto a tener salidas con mi esposo y él está muy contento de que ya no estoy preguntando cómo podría haber evitado una cesárea. Pero lo más importante

Palabras finales

— además de este pequeño travieso que cambió mi vida — es que me siento completamente a cargo de mi cuerpo, mente y mi tiempo.

El primer año como madre me dio la oportunidad de mirar dentro de mí misma, encontrar mi verdadera pasión, ser vulnerable, aceptar mis limitaciones, apreciar la naturaleza, estar abierta a nuevas experiencias y personas, y saber que no tiene que estar todo en perfecto equilibrio y de acuerdo con mi plan para que yo sea feliz. Además, esperaba sentir el amor más profundo, incondicional y fuera de este mundo por mi bebé, pero no sabía que este pequeño ser humano iba a amarme y necesitarme tanto como yo lo amo y lo necesito.

Soy consciente de que este viaje acaba de empezar y de que se va a poner más difícil, pero estoy muy agradecida de haber tenido este año para establecer lazos entrañables con mi niño y reconectarme conmigo misma. Año número 2, ¡acá vamos!

Lista a revisar de los 12 meses

Guau. Como todas las madres del mundo dicen, ¡se fue muy rápido! A medida que se acerca la marca de un año, esta es una mini lista de cosas que puedes hacer para ayudarte a lentamente volver a ser tú misma, e incluso en una versión mejorada.

* Haz una cita con tu dermatólogo.
* Haz una cita con tu dentista para una limpieza.
* Compra un par de brasieres nuevos. (¡Añade un sujetador *push-up* serio si diste pecho)
* Compra un juego de ropa interior sexy.
* Ve por un tratamiento facial profesional. (¡O pide uno para tu próximo cumpleaños! Una amiga, un grupo de amigas o un miembro de tu familia estarán encantadas de darte esto.)
* Compra un perfume nuevo.
* Sal a una noche de fiesta con tus amigas. Arréglate glamurosamente para tu noche de fiesta.
* Organiza un fin de semana, una tarde o una noche con tu esposo. ¡solo ustedes dos!

Cuando dejes la lactancia

* Utiliza Retinol. Empieza dos veces a la semana y luego cada dos días.

* Para el melasma o las manchas solares, usa hydroquinona (haz una pausa cada seis meses, siempre consulta primero con tu médico).

* Utiliza Finulite para la celulitis.

Si lo necesitas y puedes pagarlo

* Escleroterapia para las venas varicosas
* Láser para la cicatriz de la cesárea
* Depilación láser
* Viviscal o Biotin para la pérdida de pelo (Primero consulta con tu médico)

No te olvides de...

* Usa protector solar todos los días. A medida que tu bebé se vuelva más activo, tu pasarás mucho tiempo en los parques de juegos y caminando con la carriola.

* Usa un sombrero cuando estés al sol. También es un salvador para tus días en que el pelo es problemático, que como mamá, es casi a diario.

* Haz un álbum del primer año de tu bebé. (¡Y no olvides hacer una copia de seguridad de todas tus fotos!)

* Ten un nuevo buen hábito: beber agua caliente con limón a primera hora en la mañana, acostarse a las 10 p.m., leer o hacer ejercicio, usar protector solar, leer las noticias por la mañana, beber más té verde.

* Comienza a agregar pesas a tu ejercicio.

Mamá Feliz en Casa

* Aprovecha tu refrigerador y tu tiempo en casa para hacer tratamientos de belleza caseros (miel en la cara, clara de huevo en las línea de expresión en la mañana, banano para el acné, aceite de oliva para las puntas secas del pelo, aloe vera para las manchas de sol).

* Compra una membresía del zoológico o del museo de los niños o de lo que sea que esté cerca de tu casa. Será tu salvación cuando no sepas qué hacer o cuando tu niño pequeño esté caminando por todas partes. Los museos son un salvavidas en los días más calurosos o lluviosos.

* Pon tu casa a prueba de bebés si aún no lo has hecho.

* Junta lo que tu niño en crecimiento ya no está usando, o los juguetes que ya no usa y almacénalos.

* Empieza a pensar en la primera fiesta de cumpleaños de tu bebé. ¡No te vuelvas loca ni intentes usar todas las buenas ideas que veas en Pinterest!

* Y por supuesto, además de disfrutar y cuidar de tu angelito… encuentra tu pasión, ¡trabaja en ello y diviértete!

Reto de la felicidad

Tú no crees que tengas depresión postparto, pero te sientes un poco triste, aislada e introvertida. No estás deprimida, pero no te sientes cien por ciento feliz. La felicidad es un estado mental complejo y requiere algo de trabajo, pero aquí hay algunas actividades que pueden ayudarte a salir de la rutina:

* Meditar durante diez minutos cada día (OK, al menos cinco).
* No te quejes por un día entero. Lo sé, ¡es difícil!
* Trata de dormir por lo menos siete horas.
* Ve una película divertida.
* Recibe un masaje de cuerpo entero.
* Cocina una comida que te guste.
* Haz diez saltos o baila con una de tus canciones favoritas.
* Ten al menos una hora de actividad al aire libre con tu bebé (si el clima lo permite).
* Dedica menos tiempo a las redes sociales y recuerda que la gente tiende a compartir una vida digital que puede no ser real.

Reto de la felicidad

* Llama o ve a un amigo/a que sabes que te hace reír.
* Envía un mensaje de texto a una amiga a la que no has visto en un tiempo y haz plan para reunirse.
* Programa algo divertido en tu calendario para que lo hagas sola, con amigos o familiars… ¡y hazlo!
* Escribe una lista de diez ideas. Sobre cualquier tema.
* Haz ejercicio todos los días durante 30 minutos. ¡Caminar con tu cochecito cuenta como ejercicio! Y no te lo saltes. De acuerdo con un estudio, la reducción de la actividad física diaria conduce a un aumento de los sentimientos de ansiedad, depresión, confusión y enojo.
* Recompénsate al final de la semana por algo que has logrado (meditar todos los días, leer un libro, arreglar tu closet).
* Trabaja hacia una meta grande durante diez minutos cada día.
* Haz reír intensamente a tu bebé al menos una vez al día.
* Lleva un diario de gratitud (o en las notas de tu teléfono) y, al final del día, anota tres cosas que te trajeron felicidad durante el día.

Para ver más ideas, regístrate en saragaviria.com para recibirlas en tu correo.

Agradecimientos

A ustedes, las lectoras de este libro: Si hice que por lo menos una nueva mamá se sintiera más linda, más feliz, más saludable, relajada o inspirada a ser más disciplinada, o si por lo menos la hice reír una vez, mi trabajo está hecho.

A todas las mamás que juzgué mal antes de tener hijos. A las que vi con bebés en sus cochecitos sin zapatos ni calcetines, pensando que el bebé debía tener frío sin saber que el pequeño angelito se los quitó… A las mamás de bebés con la nariz sucia (solía preguntarme, ¿por qué la mamá no le limpia la nariz? sin saber que empieza a correr de nuevo después de 40 segundos) y a las que les di una sonrisa falsa cuando me dijeron que les gustaba ver Plaza Sésamo con sus hijos (preguntándome cómo pueden dejar que sus hijos vieran la televisión). A la madre que se queda en casa y tiene una niñera una vez a la semana a la que juzgué por tomarse tiempo libre (¿por qué necesita una niñera? Ella no hace mucho, está todo el día en la casa…). y a las que desestimé por servir a sus hijos macarrones con queso precocinados (ahora es mi salvavidas en un día perezoso y es lo único que disfruto comprando al por mayor en Costco además de papel higiénico). Y a las que les dan el teléfono a sus hijos para que coman en un restaurante o viajen en avión… (¿Qué pasó con los libros, gente? Solía yo pensar.) A todas ustedes. Lo siento mucho. Todas ustedes son mis heroínas y están haciendo un trabajo maravilloso.

Agradecimientos

A las increíbles mujeres que me ayudaron con este libro: Lilia O'Hara, mi editora y la que leyó mi primer borrador, tus amables palabras me animaron a seguir adelante con este proyecto; Tania Navarro, mi segundo cerebro, Sheenah Freitas, mi diseñadora gráfica y mano derecha y a la talentosa Jamie Lee Reardin por sus magníficas ilustraciones y por aceptar ser parte de este propósito. También quiero agradecer a Kristie Lynn y Jordan Ring de Archangel Ink a quienes no tuve la oportunidad de agradecerles su ayuda con la mercadotecnia de mi libro en inglés. Gracias a ustedes, *The Happy Stay-at-Home Mom* alcanzó el número uno en Amazon en la categoría de embarazo y parto en su semana de lanzamiento en Estados Unidos. *Thank you, guys!*

Al Dr. Mitchel Goldman por tomarse el tiempo para revisar el capítulo de cuidado de la piel y a la nutricionista **Heidi Parish** por su guía en el capítulo de alimentación saludable.

Mis amigas: Estoy profundamente agradecida por mis maravillosas amigas Ana, Gwendolyn, Juanita y Sandra H. en San Diego, Shadia en Houston, Paola en Múnich, mi amiga holística, Luisa en Londres, mi nueva amiga en Miami, Ana quien me dio el último impulso para escribir este libro en español y a Mónica en Medellín (espero que este libro te acompañe en tu nueva experiencia como mamá).

A la Biblioteca Central de San Diego, donde tomé prestados la mayoría de los libros para mi investigación, donde escribí parte de este libro, llevé a mi hijo a clases de bebé, y pagué muchos cargos por regresar los libros tarde (¡me lo merecía!), gracias por abrir un mundo de conocimiento para mí y despertar mi curiosidad.

Mi familia: A mi hermana, mi mejor amiga y la que me ha apoyado siempre desde que empecé a escribir las primeras hojas de este libro en inglés y ¡la que siempre me dijo que lo escribiera en español!, por decirme siempre la verdad (siempre) y por su apoyo incondicional; a mi inteligente padre, que es responsable de mi pasión por la lectura y que insistió en que tomará el curso de lectura rápida cuando era más joven (¡eso me ayudó!). A mi esposo inglés, gracias por escucharme cuando lo necesitaba y por no escucharme cuando eso era lo que necesitaba. Gracias por darme toda la confianza para seguir con la idea de este libro y por la libertad de disfrutar de nuestro bebé en casa.

Para mi gurú espiritual, mi querido hijo, estaba tan lista para enseñarte todo acerca de este mundo y entonces fue que me di cuenta de que estabas aquí para enseñarme acerca de mí misma y ayudarme a ver el mundo de nuevo a través de tu espíritu aventurero.

Y por último, pero no menos importante, la mujer a la que saqué de mi sala de parto, **mi hermosa madre**. A veces me pregunto qué habría pasado si te hubiera escuchado. Desde ese día, he hecho todo lo que me has dicho y… siempre tienes razón. Tu amor, buena energía y sabiduría me inspiran todos los días. Te amo, mami.

Bibliografía

PART 1

Henry Ramírez-Homann, M.D., *Popular Beliefs About Self-care During the Puerperium, at Level 1,* Health Institutions, visitado en enero 28, 2017
https://www.monografias.com/trabajos905/creencias-populares-puerperio/creencias-populares-puerperio.shtml

Juliana Rojas H, *Recupere su cuerpo después del parto con la dieta indígena ABC del bebé,* julio 13, 2011, visitado en enero 28, 2017
http://www.abcdelbebe.com/embarazo/recupere-su-cuerpo-despues-del-parto-con-la-dieta-indigena-11591

Luiza DeSouza, *Eat, Play, Sleep: The Essential Guide to Your Baby's First Three Months,* (New York, NY: Atria Books, 2015) pg. 150-151

Stephanie Hua, *Healthy Lactation Cookies Lick My Spoon,* julio 20, 2016, visitado en octubre 2016
http://lickmyspoon.com/recipes/cookies/healthy-lactation-cookies/

Bibliografía

Cameron Diaz y Sandra Bark, *The Longevity Book: The Science of Aging, the Biology of Strength, and the Privilege of Time* (New York, NY: Harper Wave, 2016) pg. 97

Amy Wicks, *Jessica Alba Wore a Girdle for Three Months to Get Her Body Back Post-Baby,* Glamour, abril 25, 2013, visitado en febrero 16, 2016 https://www.glamour.com/story/jessica-alba-wore-a-girdle-for

Brené Brown, *Daring Greatly: How the Courage to Be Vulnerable Transforms the Way We Live, Love, Parent, and Lead*

Rachel Margolis & Mikko Myrskylä Margolis, *Parental Well-being Surrounding First Birth as a Determinant of Further Parity Progression,* (2015) 52: 1147, visitado en febrero 1, 2017 https://doi.org/10.1007/ s13524-015-0413-2

Rob Jordan, *Stanford Researchers Find Mental Health Prescription: Nature,* Stanford News, visitado en febrero 16, 2017 https://news.stanford.edu/2015/06/30/hiking-mental-health-063015/

Lauren Smith Brody, *The Fifth Trimester, The Working Mom's Guide to Style, Sanity, & Big Success After Baby* (New York, NY: Doubleday, 2016) pg. 108, 109

Depression Among Women, Center for Disease Control and Prevention, visitado en enero 19, 2017 https://www.cdc.gov/reproductivehealth /depression/index.htm

Albert L. Siu, MD, MSPH; and the US Preventive Services Task Force (USPSTF), *Screening for Depression in Adults US Preventive Services Task Force,* Recommendation Statement Jama Network, enero 26, 2016, visitado en enero 19, 2017 https://jamanetwork.com/journals/jama /fullarticle/2484345

Dr. Christina Hibbert, *8 Keys to Mental Health Through Exercise* (New York, NY: W.W. Norton & Company, 2016) pg. 10, 26

PART 2

Roxy Dillon, BSc, MSc, *Bio-Young: Get Younger at a Cellular and Hormonal Level* (New York, NY: Atria Paperback, 2016) pg. 162, 167

Exercise for Stress and Anxiety, Anxiety and Depression Association of America, visitado en junio 19, 2017 https://adaa.org/living-with-anxiety/managing-anxiety/exercise-stress-and-anxiety

Lana Asprey M.D and Dave Asprey, *The Better Baby Book: How to Have a Healthier, Smarter, Happier Baby* (Hoboken, NJ: John Wiley & Sons, Inc., 2013) pg. 60

Steven L. Miller, Ph.D. *The Best Time for your Coffee,* NeuroscineceDC (blog), octubre 23, 2013, visitado en junio 5, 2017 http://neurosciencedc.blogspot.com/2013/10/the-best-time-for-your-cofee/

100 Healthiest Foods to Satisfy Your Hunger, Time Special Edition, junio 2017 pg.10, 49

Exercise: A healthy stress reliever, American Psychological Association, visitado en junio 19, 2017 http://www.apa.org/news/press/releases/stress/2013/exercise.aspx

Krishna Ramanujan, *Keeping track of weight daily may tip the scale in your favor,* Cornell Chronicle, junio 12, 2015, visitado en noviembre 7, 2016 http://news.cornell.edu/stories/2015/06/keeping-track-weight-daily-may- tip-scale-your-favor

Lisa Ryan, *Want to lose weight? Get on the scales every day! Consistent self-monitoring 'helps you shift pounds and keep them off,* marzo 7, 2016, visitado en noviembre 1, 2016 http://www.dailymail.co.uk/health/article-3481166/Want-lose-weight-scales-EVERYDAY-Consistent-self-monitoring-helps-shift-pounds-o.html

Charles Duhigg, *Smarter Faster Better: The Secrets of Productivity in Life and Business* (New York, NY: Random House, 2016) pg. 265-266

Kim Vopni, The Fitness Doula, *Why the 'mum bum' isn't all in the jeans*, publicado en abril 9, 2014, actualizado en mayo 12, 2018 https://www.theglobeandmail.com/life/health-and-tness/health-advisor/why-the-mum-bum-isnt-all-in-the-jeans/article17904264/

Nora Tobin, *The Best Foods to Eat Before and After Your Workout*, Shape, visitado en junio 23, 2017 https://www.shape.com/healthy-eating/diet-tips/best-foods-eat-and-after-your-workout

PART 3
Charlotte Cho, *The Little Book of Skin Care: Korean Beauty Secrets for Healthy, Glowing Skin* (New York, NY: William Morrow, 2015) pg. 100

Mathilde Thomas, *The French Beauty Solution: Time-Tested Secrets to Look and Feel Beautiful Inside and Out* (New York, NY: Avery, 2015) pg. 149

Estudio: *Most Americans don't use sunscreen*, American Academy of Dermatology, May 19, 2015, accessed September 12, 2016 https://www.aad.org/media/news-releases/study-most-americans-don-t-use-sunscreen

Susan Scutti, *Youthful Skin Comes From Avoiding The Sun; Sleep, Exercise, And Drinking Water Won't Help* Medical Daily, marzo 4, 2016, visitado en septiembre 21, 2016, https://www.medicaldaily.com/youthful-skin-sun-376560

Harold Lancer M.D., *Younger: The Breakthrough Anti-Aging Method for Radiant Skin* (New York, NY: Grand Central Life & Style 2014) pg. 36

Roxy Dillon, BSc, MSc, *Bio-Young: Get Younger at a Cellular and Hormonal Level* (New York, NY: Atria Paperback, 2016) pg. 197

Roxy Dillon, BSc, MSc, *Bio-Young: Get Younger at a Cellular and Hormonal Level* (New York, NY: Atria Paperback, 2016) pg. 149, 150

Anthony Youn M.D, con Eve Adamson, *The Age Fix: A Leading Plastic Surgeon Reveals How to Really Look 10 Years Younger* (New York, NY: Grand Central Life & Style) pg. 42

Justin McCarthy y Alyssa Brown, *Getting More Sleep Linked to Higher Well-Being* Gallup, marzo 2, 2015, visitado en agosto 14, 2017 https://news.gallup.com/poll/181583/getting-sleep-linked-higher.aspx

Arianna Huffington, *The Sleep Revolution: Transforming your Life, One Night at a Time* (New York, NY: Gale, Cengage Learning) pg. 43, 44, 153 (edición de tipografía grande)

Chris Stipes, *Artificial Light From Digital Devices Lessens Sleep Quality* University of Houston, julio 24, 2017, visitado en agosto 14, 2017 http://www.uh.edu/news-events/stories/2017/july/07242017bluelight.php

Trends in Consumer Mobility Report, Bank of America, 2015, visitado en agosto 14, 2017 https://promo.bankofamerica.com/mobilityreport/assets/images/2015-Trends-in-Consumer-Mobility-Report_FINAL.pdf

Dun-Xian Tan Rudiger Hardeland Lucien C. Manchester, Ahmet Korkmaz, Shuran Ma, Sergio Rosales-Corral, Russel J. Reiter, J*ournal of Experimental Botany, Functional roles of melatonin in plants, and perspectives in nutritional* *and agricultural science* enero 2012, visitado en october 23, 2016 https://doi.org/10.1093/jxb/err256

Pamela Druckerman, *Bringing Up Bebé: One American Mother Discovers the Wisdom of French Parenting* (New York, NY: Penguin Books, 2012) P 52, 53

PART 4

Diane Swanbrow, *Ten Minutes of Talking has a Mental Payoff,* Michigan News, University of Michigan, octubre 29, 2007, visitado en abril 12, 2017 https://news.umich.edu/ten-minutes-of-talking-has-a-mental-payoff

Jessica Joelle Alexander & Iben Dissing Sandahl, *The Danish Way of Parenting: What Happiest People in the World Know About Raising Condent, Capable Kids* (New York NY: TarcherPerigee, 2016) pg. 133

David Spiegel, *Breast Cancer, Mind Body Connection, the Importance of Support Groups,* mayo 27, 2013, visitado en octubre 22, 2017 https://www.youtube.com/watch?v=uOJ6OTieANQ

Bonnie Milletto, *Girlfriends are Good for your Health: Stanford University, Mind-Body Connection – The Benefits of Female Relationships,* julio 30, 2017, visitado en octubre 22, 2017 https://www.thriveglobal.com/stories/10369-girlfriends-are-good-for-your-health

Brian Tracy, *No Excuses: The Power of Self-Discipline. 21 Ways To Achieve Lasting Happiness and Success* (New York, NY: MJF Books, 2010) pg. 189

Chris Bailey, *The Productivity Project: Accomplishing More by Managing your Time, Attention, and Energy,* Crown Publishing Group, (New York, NY: Crown Publishing Group, 2016) pg. 36, 37, 76

Brigid Schulte, *Overwhelmed: Work, Love, and Play When No One Has The Time* (New York, NY: Sarah Crichton Books, 2014) pg. 249

Sheryl Sandberg, *Lean In: Women, Work, and The Will To Lead* (New York, NY: Alfred A. Knopf, 2013) pg. 94, 113

John M. Gottman, Ph.D., y Julie Schwartz Gottman, Ph.D., *And Baby Makes Three. The Six-Step Plan for Preserving Marital Intimacy and Rekindling Romance After Baby Arrives* (New York, NY: Crown Publishers, 2017) pg. 9

Should Parents Post Photos of Their Children on Social Media?, The Wall Street Journal, mayo 23, 2016 https://www.wsj.com/articles/should-parents-post-photos-of-their-children-on-social-media-1463968922

Chris Weller, *A Former Google Executive Reveals Tricks Tech Companies Use to Grab Attention,* Business Insider, agosto 28, 2017 http://www.businessinsider.com/why-phones-are-addicting-according-to-former-google-exec-2017-8

Marie Kondo, *The Life-Changing Magic of Tidying Up* (Farmington Hills, MI: Gale Cengage Learning) pg. 60-62 (edición en tipografía grande)

Sue McGreevey, *Eight Weeks to a Better Brain* The Harvard Gazette, enero 21, 2011 https://news.harvard.edu/gazette/story/2011/01/eight-weeks-to- a-better-brain/

Bhante Gunaratana, *Mindfulness in Plain English* (Somerville, MA: Wisdom Publications, 2011) pg. 146

Richard Louv, *Vitamin N: The Essential Guide To a Nature-Rich Life* (New York: NY: Algonquin Books of Chapel Hill, 2015) pg. 155, 156

Bibliografía

Shonda Rhimes, *My Year of Saying Yes to Everything,* TED 2016 https://www.ted.com/talks/shonda_rhimes_my_year_of_saying_yes_to_everything/discussion?rss&utm_

James Hakner, *Misery ff Work Second Only to Illness,* University of Sussex, febrero 2, 2016, visitado en noviembre 1, 2016, (Un estudio conjuntos de 2016 por la University of Sussex y la London School of Economics) http://www.sussex.ac.uk/broadcast/read/34072

Meg Meeker, M.D., *The 10 Habits of Happy Mothers: Reclaiming Our Passion, Purpose, and Sanity* (New York, NY: Ballantine Books, 2010) pg. 113

Brian Tracy, *Change Your Thinking, Change Your Life: How to Unlock Your Full Potential for Success and Achievement* (New York, NY: MJF Books, 2010) pg. 10

Gretchen Rubin, *The Happiness Project: Or, Why I Spent a Year Trying to Sing in the Morning, Clean My Closets, Fight Right, Read Aristotle, and Generally Have More Fun* (New York, NY: Harper, 2009) pg. 223

Sobre la autora

Sara Gaviria es una periodista colombiana con maestría en Mercadeo y Comunicaciones por la Universidad de Westminster, Reino Unido. Vivió en Londres en sus años veinte y en California en sus treinta. Trabajó como ejecutiva de publicidad para publicaciones en los medios de comunicación en Londres y para *The San Diego Union-Tribune* durante seis años como Gerente de Publicaciones Hispanas. Actualmente vive en Houston, Texas, con su esposo e hijo.

Si te gustó este libro o te fue útil, ¿considerarías dejar un comentario en Amazon? ¡Te lo agradeceré!

Página web www.saragaviria.com
Instagram saragaviria
Facebook Mamá Feliz en Casa

www.ingramcontent.com/pod-product-compliance
Lightning Source LLC
LaVergne TN
LVHW051400080426
835508LV00022B/2909